本书是2021年度国家社科基金重点项目"中国共产党革命精神谱系研究"（项目编号：21ADJ011）的阶段性成果

百年红色记忆

高等学校中国共产党革命精神与文化资源研究中心
教育部高等学校社会科学发展研究中心 组编

红色旧址手绘系列读本

王炳林 杨敬民·总主编

浙江卷

渠长根 ◎ 主编
吕 灏 ◎ 执行主编

中国文史出版社

图书在版编目（CIP）数据

百年红色记忆．浙江卷 / 渠长根主编．-- 北京：
中国文史出版社，2020.11

（红色旧址手绘系列读本）

ISBN 978-7-5205-2858-0

Ⅰ.①百… Ⅱ.①渠… Ⅲ.①革命纪念地—浙江—图
集 Ⅳ.① K928.72

中国版本图书馆 CIP 数据核字（2020）第 251619 号

责任编辑：金　硕　刘华夏

出版发行：中国文史出版社

社　　　址：北京市海淀区西八里庄路 69 号　邮编：100142

电　　　话：010 - 81136606　81136602　81136603（发行部）

传　　　真：010 - 81136655

印　　　装：三河市华东印刷有限公司

经　　　销：全国新华书店

开　　　本：710mm×1000mm　1/16

印　　　张：14.5

字　　　数：208 千字

版　　　次：2023 年 4 月北京第 1 版

印　　　次：2023 年 4 月第 1 次印刷

定　　　价：98.00 元

总　序

王炳林

(教育部高等学校社会科学发展研究中心主任)

习近平总书记指出，"革命文物承载党和人民英勇奋斗的光荣历史，记载中国革命的伟大历程和感人事迹，是党和国家的宝贵财富，是弘扬革命传统和革命文化、加强社会主义精神文明建设、激发爱国热情、振奋民族精神的生动教材。"从建党的开天辟地，到新中国成立的改天换地，到改革开放的翻天覆地，再到党的十八大以来的惊天动地，一路走来，中国共产党人在创造辉煌历史和精神财富的同时，也留下了灿若星辰的革命旧址。这些旧址犹如一个个脚印，印证着中国共产党诞生、发展、壮大的波澜壮阔的历程。如果说百年历史是一幅宏伟壮丽的历史画卷，那么这一处处革命旧址就是画卷上一抹抹鲜艳亮丽的色彩；如果说百年历史是一首气壮山河的乐曲，那么这一处处革命旧址就是乐章中一个个有着铿锵韵律的音符。

红色革命旧址主要包括革命人物旧居、重要战场遗址、重大革命事件发生地、重要革命建筑，以及为纪念重大事件和缅怀英烈而建的各类纪念建筑等，从南湖红船到井冈山革命根据地，从延安宝塔山到北京香山，从上海石库门到北京天安门……串联起革命、建设和改革的全过程，记录着中国共产党团结带领中国人民为争取民族独立、人民解放和实现国家富强、人民富裕而不懈奋斗的历史，见证着中国共产党人的初心使命，承载着中华民族共同的历史记忆，是进行爱国主义和革命传统教育的宝贵历史资源。革命旧址蕴藏着爱国、团结、奋斗、创造、梦想等优秀特质和禀赋，深刻影响着当代中国人的精神世界，是凝聚人心、推动社会进步的强大力量。因此，充分认识革命文物工作在见证革命历史、弘扬革命精神上的重要作用，切实把革命文物保护好、管理好、运用好，对激发广大干部群众的精神力量，信心百倍为全面建设社会主义现代化国家、实现中华民族伟大复兴中国梦而奋斗有重要意义。

在中国共产党成立100周年之际，教育部高等学校社会科学发展研究中心、高等学校中国共产党革命精神与文化资源研究中心联系相关高校，以省域为单位组织编写《红色旧址手绘系列读本》。在时间上，主要突出从1919年五四运动爆发至1949年中华人民共和国成立的革命历史，适当向社会主义革命和建设时期延伸；在空间上，主要涵盖了北京、河北、黑龙江、湖北、江西、浙江等六省市的红色遗存；在类型上，主要突出重要领导机构旧址、重要会议旧址、重要人物故居、重要事件遗址遗迹、重要纪念地场馆等，并适当向相关爱国主义教育基地延伸；在表现形式上，坚持艺术的真实与史实的真实相结合，线条为主，晕染为辅，凸显革命旧址的主体性与符号性，展现中国共产党艰辛而又辉煌的奋斗历程，注重形神统一，营造较强的视觉冲击力和艺术感染力。

本书力图呈现以下特点：

一是坚持政治性和艺术性相统一。"文章合为时而著，歌诗合为事而作。"突出用艺术来讲政治，以中国共产党发展历程中重要红色遗址为主要内容，通过精美的手绘、生动的语言、丰富的史料、严谨的编排，创新革命文化传播方式，为开展党史学习教育提供生动教材。通过运用构图、线条、造型、色彩等艺术手法，以图读史、以图学史、以图记史、以图证史，多角度挖掘革命旧址的崇高美，增强爱国主义和革命传统教育的感染力。书中呈现的一幅幅画作，不仅是对革命旧址艺术化的展现，更是对党领导人民革命、建设、改革实践的钩沉。这些场景连点成线、串线成面，共同交织出中国共产党百年波澜壮阔的奋斗历程，让读者在感受红色旧址美感的同时，经受灵魂的洗礼。

二是坚持学术性和通俗性相统一。以党的三个历史决议为依据，选取中国共产党百年历程中具有典型性和代表性的革命旧址进行展现，勾勒出中国共产党艰苦卓绝的奋斗史，系统展现重要思想理论和历史活动，具有一定学术价值。在介绍革命旧址的基本状况、文保状况时，注重与时俱进吸纳革命文物普查的最新资料。描述革命旧址相关的历史事件、重要人物时，注重突出主题主线、主流本质，旗帜鲜明反对历史虚无主义。在坚持学术性的同时，注重运用通俗化的语言生动活泼地讲好革命故事，做到以情动人、以故事感染人。

三是坚持历史性和现实性相统一。革命历史波澜壮阔，红色旧址光芒永存。红色革命旧址是党史研究的聚宝盆，革命精神传承的压舱石，红色文化资源育人的主阵地。着力通过展示旧址讲党史，突出见人见物见精神。引导人们在求"历史之实"的基础上进一步求"历史之是"，在对历史与现实的比较中，弄清楚红色政权是从哪里来的、新中国是怎么建立起来的，不断增强道路自信、理论自信、制度自信、文化自信。

希望丛书的出版，能够让读者在感受艺术熏陶的同时，更为直观地了解中华英雄儿女为革命、建设、改革不懈奋斗的历史。书的图片和文字是静止的，但精神却是跃动的。如果能够通过这套丛书的出版为创新红色基因传承路径提供一些借鉴和参考，那无疑是所有编撰者的最大心愿，也必将成为我们继续推进以省域为单位的红色旧址手绘系列读本编绘工作的强大动力。

2021 年 11 月

浙江省红色文化资源概况

浙江是红色文化资源大省。迄今为止，中国共产党在浙江领导各族人民进行革命、建设和改革伟大事业过程中，创造并留下了大量珍贵的红色文化资源。它们的存在形态和表现形式多种多样，主要有场地场所、组织机构、设施设备、文本文献等，具体表现为党的重要机构旧址，重要人物的故居、旧居、活动地，重要事件、重大战役战斗以及革命烈士事迹发生地或流传地等，也包括新中国成立后兴建的内容涉及新民主主义革命的各类纪念馆、展览馆、墓地园区等纪念设施，还有能够反映革命时期党的重要历史活动、进程、思想、文化的各种遗迹等。

这些红色文化资源，铭刻着中国共产党人和中国人民为民族独立和人民解放而英勇奋斗的光辉历程，蕴含着中国共产党人和中国人民艰苦奋斗、不屈不挠、一往无前、创新创造的革命精神，是中国革命的重要历史见证，是宝贵的革命历史文化遗产，也是中华民族物质和非物质文化遗产的重要组成部分。

一、浙江红色文化资源分布

浙江红色文化资源数量庞大，目前总数达2443个，包括革命遗址遗迹2060个，其他遗址383个。从地区分布来看，其中，杭州市131个，占全省总数5.36％；宁波市542个，占全省总数22.19％；温州市239个，占全省总数9.78％；湖州市93个，占全省总数3.81％；嘉兴市109个，占全省总数4.46％；绍兴市174个，占全省总数7.12％；金华市256个，占全省总数10.48％；衢州市110个，占全省总数4.50%；舟山市72个，占全省总数2.95%；台州市252个，占全省总数10.32%；丽水市465个，占全省总数19.03%。

其中，宁波市和丽水市的革命旧址类红色文化资源相对较多。主要是因为：宁波地区在大革命时期和土地革命战争时期是党的重要活动区域，抗日战争时期是浙东抗日根据地的指挥中心，解放战争时期又创建了浙东游击根据地；丽水地区是土地革命战争时期红军挺进师进入浙江后创建的第一块革命根据地，坚持了三年艰苦卓绝的游击战争，是第二次国共合作时期党领导浙江抗战的大后方，又是解放战争时期浙西南游击根据地的中心。

二、浙江红色文化资源类型

浙江红色文化资源的类型比较丰富。其中，重要历史事件和机构遗址类730个，占全省总数29.88%；重要历史事件和人物活动纪念地类836个，占全省总数34.22%；重要人物故居类230个，占全省总数9.41%；烈士墓、陵园类264个，占全省总数10.81%；纪念设施类383个，占全省总数15.68%。浙江是中国共产党活动和建立组织较早的省份之一。1921年8月，中国共产党第一次全国代表大会在嘉兴南湖胜利闭幕；1921年9月，在杭州萧山的衙前村，建立了中国共产党领导的全国第一个农民协会——衙前农民协会；1922年9月，浙江第一个党的组织——中共杭州小组成立，此后党的组织和活动就一直没有中断过。1927年6月，中共浙江省委建立，组织领导了遍及全省的60多次农民暴动。红军第十三军的斗争，红军北上抗日先遣队转战浙西，红军挺进师坚持浙西南、浙南三年游击战争，浙东、浙西、浙南抗日根据地的开辟，解放战争时期浙东、浙南、浙西南游击根据地的斗争等，都留下了大量的革命遗址。

三、浙江红色文化资源保护分级

如果按照重点文物保护单位的分类分级标准，目前，浙江红色文化资源中被公布为国家级重点文物保护单位的有30个，占全省总数的1.23%；省级文物保护单位的有62个，占全省总数2.54%；市级文物保护单位的有54个，占全省总数的2.21%；县级文物保护单位的有354个，占全省总数的14.49%；

未定级的有1943个，占全省总数的79.53％。其中，国家级烈士纪念设施有：浙江革命烈士纪念馆、宁波樟村四明山烈士陵园、余姚四明山革命烈士纪念碑、台州解放——江山岛烈士陵园、温州革命烈士纪念馆。全国重点文物保护单位主要有：嘉兴南湖中共一大旧址、绍兴鲁迅故居、桐乡茅盾故居（纪念馆）、余姚浙东（四明山）抗日根据地旧址群、长兴新四军苏浙军区旧址群、嵊州（杭州）马寅初故居（纪念馆）、绍兴蔡元培故居（纪念馆）、德清莫干山别墅群、南浔浙江图书馆嘉业藏书楼等。

2021年11月

目　录

一、杭州革命旧址

旧址概况

杭州，简称"杭"，古称临安、钱塘，是浙江省省会，副省级城市，杭州都市圈核心城市，浙江省经济、文化、科教中心，长江三角洲中心城市之一。下辖10个区（西湖区、上城区、钱塘区、临平区、拱墅区、滨江区、萧山区、富阳区、临安区、余杭区）、2个县（桐庐县、淳安县）、1个代管县级市（建德市），总面积16853.57平方千米，常住人口1036万人，城镇人口813.26万人。

杭州是一座光荣的城市，有着革命、建设和改革各个历史时期留下的各类红色文化资源。主要包括纪念类设施，有事件发生地、人物纪念地，有信息展示物、精神承载物；在保护和利用的级别上，有的已是省级和国家级文物保护单位，省级和国家级爱国主义教育示范基地，如浙江一师旧址、衙前农民暴动旧址、国民党浙江陆军监狱斗争纪念碑、于子三墓、浙江革命烈士纪念馆、五四宪法历史资料陈列馆、余杭"四无粮仓"陈列馆、毛主席视察小营巷纪念馆、钱学森故居、夏衍故居等。

杭州早在1922年9月就建立了浙江省第一个党小组，正是这一点星星之火，为后来浙江大地的解放埋下了火种。目前杭州市共有131处革命遗址遗迹。其中，属于党建立初期的有中共杭州小组成立遗址纪事碑等遗址遗迹7处；大革命时期的有马冬林故居等遗址6处；土地革命时期的有中共杭州西湖区委机关活动地遗址等40处；抗日战争时期的遗址有11处；解放战争时期的革命遗址有25处；新中国成立后的有42处。

各区市县数量最多的四位分别是：桐庐县34处，淳安县21处，富阳区和建德市均为11处。桐庐县之所以革命遗址数量多，是因为在抗战后期，浙东游击队在此建立新民乡抗日民主政府；而淳安是因为土地革命时期中共上海临时中央局和皖浙赣省委都先后派出党员干部到淳安地区开展游击活动，秘密发展红军，建立党组织；富阳区和建德市的革命遗址大多以土地革命时期和解放战争时期为主，主要包括周恩来1939年大源视察地、寿南和兰溪起义的决策地和起源地、浙东浙西新四军渡江会师的聚集地等。

浙江革命烈士纪念馆

　　浙江革命烈士纪念馆位于杭州西子湖畔的云居山上，北连吴山天风，南邻万松书院，东眺钱江浩荡，西瞰湖光山色。1985年中共浙江省委、省政府决定建造，1987年奠基，1990年3月落成，1991年9月浙江革命烈士纪念馆主馆建成并开馆，2011年主馆主体建筑改扩建竣工，次年开放。建筑面积5290平方米，造型外观雄伟、结构新颖，极具民族特色，又有时代感，是浙江省规模最大的烈士纪念建筑。共分7个展厅，通过1000余张照片、300多件文物，以及雕塑、沙盘、油画、电影、录像等表现手法，展现了辛亥革命至改革开放以来，浙江402位革命烈士的斗争史实和他们可歌可泣的英雄风采。馆外有广场，广场左右两侧分别有烈士纪念碑和群雕。1992年被列为全国重点烈士纪念建筑物保护单位，1993年被确定为杭州市十大爱国主义教育基地。

浙江革命烈士纪念碑

浙江革命烈士纪念碑位于杭州市西湖风景区的云居山上，碑高27米，碑身为汉白玉饰面，线条简洁，庄严挺拔，呈"风帆"形，象征浙江革命斗争如"钱江潮"中的航船，在中国共产党领导下，乘风破浪，奋勇前进。紫铜锻轧的大型铜浮雕壁环绕纪念碑的东西两侧和北面，长82米、高4.5米，蜿蜒曲折，寓意钱江潮水，反映百年来先烈们英勇奋斗的历史，是中国目前最大的铜浮雕壁。陈云同志为纪念碑题写"革命烈士永垂不朽"八个大字。

杭州市革命烈士纪念馆

　　杭州市革命烈士纪念馆位于杭州市西湖区，在钱塘江大桥北边西侧的月轮山上，前身是1968年10月建成开放的蔡永祥烈士事迹陈列馆。1983年4月，经中共杭州市委批准，更为现名，2009年改扩建，是杭州市目前唯一综合性的革命史迹和烈士事迹纪念馆。占地17.4亩，建筑面积2731平方米，陈列面积1550平方米。内分序言厅和五个展览厅，按照中国共产党的创立和大革命时期、土地革命时期、抗日战争时期、解放战争时期、社会主义革命和社会主义建设时期的时间顺序为线索，穿插着为保卫杭州及人民的幸福而不惜牺牲青春、热血乃至生命的革命烈士的事迹。现为省市两级爱国主义教育基地、国防教育基地、社科普及基地和党员教育基地，省级重点烈士纪念建筑物保护单位。

杭州解放纪念碑

杭州解放纪念碑位于杭州市西湖区，在杭州市革命烈士纪念馆下方的广场上，月轮山山脚到钱塘江畔之间。2001年建成，通体用赭红色的钢筋混凝土浇筑而成，主体高约18米、宽约22米。中国美术学院教授、著名雕塑家潘锡柔设计。所在的纪念碑广场，占地28.6亩，周边绿地以香樟、雪松、桂花等常绿树种为主，整体风格庄严、雄伟、肃穆，与钱塘江大桥、六和塔等周围建筑环境组成一个具有永久和独特意义的开放式公园。

夏衍中学及夏衍故居

夏衍中学

夏衍（1900—1995），原名沈乃熙，字端先，浙江杭州人。中国现代著名文学、电影、戏剧作家和社会活动家，中国左翼电影运动的开拓者、组织者和领导者之一。1994年被国务院授予"国家有杰出贡献的电影艺术家"称号。代表作有话剧《心防》《法西斯细菌》和报告文学《包身工》等。

夏衍中学位于杭州市上城区艮山东路，为公办高级中学。2002年夏衍诞辰102周年时改朝阳高中为"夏衍中学"，时任浙江大学校长潘云鹤题写校名。占地面积108亩，建筑面积15166平方米，有教学楼、综合楼、学生公寓等建筑。

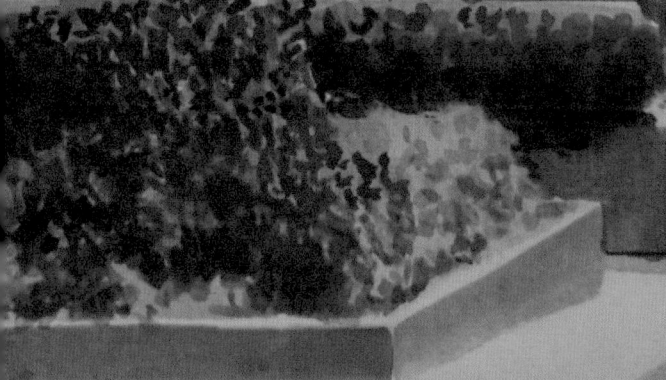

夏衍旧居

夏衍旧居位于杭州市上城区严家路50号。夏衍曾居住于此，现为夏衍陈列室。建于清末民初，属中式平房，原名八咏堂，为五开间七进深院落，占地面积1000平方米，建筑面积467平方米。建筑风格粉墙黛瓦，按照夏衍自传体小说《懒寻旧梦录》所描述的当时老宅格局，设置有展厅、八咏堂、卧室、蚕房、私塾等。展厅内以早年奋斗、左翼文艺、在新闻电影戏剧战线上、在文化电影事业的领导岗位上、在社会主义新时期、夏衍电影作品系列六个部分为主线，以电影胶片为表现形式，展出大量图片及实物，展现了一位文学巨匠、革命文艺家的成长历程和光辉一生。

衙前农民运动纪念馆

　　衙前农民运动纪念馆坐落于杭州市萧山区衙前镇凤凰山，占地面积1000平方米。1999年对外开放。原为衙前农民协会旧址，为农民协会开会和委员办公之地，现分为序厅和两个展厅，有"今日衙前""现代农民运动的思想传播""衙前农民运动的发动""衙前农民运动的爆发""衙前农民运动在云涌"和"斗争在继续"等七个展板，以农民运动为主题，再现了我党领导的最早农民运动的过程。先后被命名为浙江省青少年红色旅游经典景区、浙江省文物保护单位、浙江省爱国主义教育基地、浙江省党员干部教育培训基地。

钱学森故居

钱学森（1911—2009），浙江杭州人，中国共产党优秀党员、忠诚的共产主义战士、享誉海内外的杰出科学家和中国航天事业的奠基人，中国"两弹一星"功勋奖章获得者之一，曾担任中国人民政治协商会议第六、第七、第八届全国委员会副主席。

钱学森故居位于杭州市上城区马市街方谷园2号。占地1.3亩，包括两个天井和一个后花园。为木结构，三进民居，主色调为红色。一楼正厅匾额上，书"克勤克俭"四个大字，为钱家家训；二楼的展陈以复原钱学森居住场景为主，包括20世纪50年代钱学森家在上海使用的木质碗柜、砂锅、衣柜、皮箱等生活用品，书房中摆放笔墨纸砚，再现了钱学森在此居住时的景象。

淳安白马红军标语墙及烈士纪念碑

红军标语墙

　　红军标语墙位于杭州市，在淳安县枫树岭镇白马村一幢俞姓小祠堂北面墙壁上，用毛笔从右到左直书。墙宽5.8米，高3.6米，共有标语24条，其中19条以纪念"九一八"开头，3条以反对帝国主义侵略为主题，1条为争取苏维埃全中国的胜利，1条为消灭阻止红军北上抗日的国民党军阀来犯，包括"纪念九一八，反对日本帝国主义侵略中国""开展民族革命战争""消灭阻止红军北上抗日的国民党军阀""纪念九一八开展新苏区""争取苏维埃全中国的胜利""纪念九一八，武装拥护苏维埃中央政府"等内容。标语写于1934年9月18日，是中国工农红军北上抗日先遣队第一次途经淳安白马时，为纪念九一八事变三周年而写。时至今日，"开展民族革命战争""争取苏维埃全中国胜利"等标语仍历历在目。1996年被列为杭州市爱国主义教育基地。

红军革命烈士纪念碑

　　红军革命烈士纪念碑位于杭州市，在淳安县枫树岭镇白马乡里湖村大坪山海拔397米处，占地面积227平方米。坐东朝西，高8.5米，宽1.87米。碑体正面刻"红军北上抗日先遣队烈士纪念碑"，背面刻"红军烈士永垂不朽"字样。碑的底座西侧立有碑文介绍此碑。为1934年红军北上抗日先遣队两次途经白马在此处发生的"白马之战"中牺牲的烈士而建。

1939 年周恩来视察浙江旧址及纪念碑（临安天目山、丽水云和小顺、绍兴城区府山公园）

1939 年周恩来视察浙江旧址及纪念碑

1939年周恩来视察浙江旧址及纪念碑分别位于杭州市、丽水市和绍兴市。1939年3月，中共中央革命军事委员会副主席、南方局书记周恩来，以国民政府军事委员会政治部副部长的身份，来到东南抗日战场前哨浙江视察工作，并先后在临安西天目山、丽水云和小顺、绍兴府山等地留下足迹。视察期间，周恩来与多位在浙文化界、新闻界左翼人士会谈，并向中共浙、赣、闽三省省委同志及东南局、新四军等方面同志传达中共扩大的六届六中全会精神，指导党的建设；同时在临安西天目山等地多次会晤时任国民党浙江省政府主席黄绍竑，会谈主题是"精诚团结，减少摩擦，坚持抗战，开创新局"，并就国共合作达成协议。其后，周恩来回到故乡绍兴，他在越王台举行的各界欢迎会上发表了关于动员抗日的讲话，接着又会见亲友，书写了"冲过钱塘江，收复杭嘉湖"等题词。在应邀出席浙西临时中学在天目山禅源寺举办的开学典礼上，周恩来作了题为"抗战的现状与展望"的长篇演讲。周恩来浙江之行，在当时有力地巩固了国共合作，推动了浙江及东南地区抗日民族统一战线，促进了浙江党建工作。

图1：1939年周恩来视察浙江抗战在杭州临安天目山讲演纪念碑。

图2:1939年周恩来视察浙江抗战在丽水云和小顺浙江铁工总厂纪念碑。

图3:1939年周恩来视察浙江抗战在杭州与黄绍竑会谈的天目山留椿屋。

图 1

图 2

周恩来视察纪念

图 3

孙晓梅故居及纪念馆

孙晓梅故居

孙晓梅（1914—1943），女，乳名小妹，又名小蛮、肖蛮曼，浙江富阳人。1940年加入中国共产党，此后多次成功护送党的重要领导北渡长江。1943年4月，由于叛徒出卖，被日本宪兵队逮捕，受尽酷刑，坚贞不屈，后被残酷杀害，年仅29岁。1949年11月，被追认为革命烈士。

孙晓梅故居位于杭州市富阳区龙门镇，坐北朝南，东面与其他民居相连，南面建筑有照墙，西面沿墙有一条由鹅卵石铺就的古村道，清澈的龙门溪水从屋旁潺潺流过。建于清朝末年，建筑面积约150平方米，砖木结构，三间，一弄，两层，白墙黛瓦，马头墙，石库式大门。走进大门，有一门厅和小天井，天井两侧各有一小厢房，西厢房曾是孙晓梅的闺房，1914年她就出生在这里。故居内陈列有孙晓梅烈士铜像、生活用具、书信手稿、家风家训、事迹展板等，还原了少年时期的孙晓梅及其弟弟何满子在龙门学习生活的场景，展现了孙晓梅从一个有志少年到信仰坚定的无产阶级革命者的成长历程。

孙晓梅故居现为烈士纪念馆，相继开辟为龙门镇爱国主义教育基地、青少年活动基地，并被纳入古镇"文化礼堂"。

浙东人民解放军金萧支队纪念馆及有关遗址群

浙东人民解放军金萧支队纪念馆

浙东人民解放军金萧支队纪念馆位于杭州市桐庐县新合乡山桑坞村村口。2006年建成，占地总面积4000余平方米，主体建筑面积为650平方米，建于金萧支队后勤基地旧址上。展出跟金萧支队革命活动有关的文件、图片等，共38版，还有木制缝纫机、金萧报、战斗日记、金萧徽章、生活用品等实物数十件，以及沙盘、雕塑等。目前已成为浙江省党史教育基地。

金萧支队成立地

　　金萧支队成立地位于绍兴市诸暨市黄家店村。1943年12月21日，新四军浙东游击纵队金萧支队在绍兴诸暨黄家店成立。1948年9月15日，在诸暨马剑镇石门村宣布将会稽山人民抗暴游击司令部改编为浙东人民解放军金萧游击支队。以浦江、诸暨、桐庐、富阳毗邻地带为游击根据地的中心，在桐庐县四管乡（今为桐庐县新合乡）先后建立被服厂、修械所、金萧报社、后方医院等后勤机关，并以游击根据地为依托，接连进行七次外线出击，扩大游击根据地，先后建立路西、江东、江南、路北、江西5个县政府和江北、严衢、天目3个办事处。1949年4、5月，为配合解放军进军浙江，金萧支队先后解放分水、新登、临安、萧山、桐庐、浦江6座县城，并配合大军接管吴兴、富阳、建德、寿昌、兰溪、金华、义乌7座县城，还成功策动国民党湖州专员率部投诚。5月18日，金萧支队与南下解放军在桐庐胜利会师。5月22日，金萧支队奉命撤销建制进行整编，光荣完成历史使命。

于子三烈士墓

于子三（1925—1947），山东牟平人。1944年考入迁到贵州的浙江大学农艺系。抗日战争胜利后，积极参加和领导国统区"反饥饿、反内战"的斗争。1947年5月，被推选为浙大学生自治会主席。9月，加入党的外围组织新民主主义青年社，并担任浙大农学院分社负责人。10月26日，在杭州大同旅馆被国民党特务秘密逮捕，29日被杀害。于子三被害后，消息传播到全国众多大中学校。在中共地下组织的推动下，掀起了国民党政权覆灭前的又一次全国规模的学生爱国运动——于子三运动。翌年3月14日，浙大各院系学生代表300余人组成出殡车队，在"学生魂"的巨幅挽幛和"于子三烈士千古"花圈的前引下，将于子三灵柩安葬在杭州西湖东面万松岭的南坡。

于子三烈士墓位于杭州市上城区万松岭路凤凰山北麓，1982年浙江大学立"于子三纪念碑"，并把纪念碑所在的"华八斋"前面的广场改名为"于子三广场"。

于子三烈士之墓

杭州市上羊市街社区——
新中国第一个居民委员会

上羊市街社区位于杭州市上城区。办公地址在紫阳街道金钗袋巷79号，管辖范围东起贴沙河、南至抚宁巷、西邻中河路、北到望江路，如今隔壁建起了"中国社区建设展示中心"。1949年10月11日，杭州市政府决定取消旧社会的"保甲制度"，建立新政权的基层组织。23日晚，上城区上羊市街在西牌楼小学会场开会举行选举，200多名居民代表代表上羊市街2000多位居民参与投票，拉黄包车出身的杭州小伙子陈福林当选为居委会主任。于是"上羊市街居民委员会"成立了。这是中国第一个居民委员会，是民主选举的见证、新中国基层民主法治建设的起点。当时，上羊市街居委会的管辖范围由原来的十八、十九两个保合并而成，大致范围为东至上羊市街（现江城路），南沿五圣塘、六圣塘至保安桥河下，北至望江门直街（现望江路），西至中山南路（现中河高架下绿化带）。

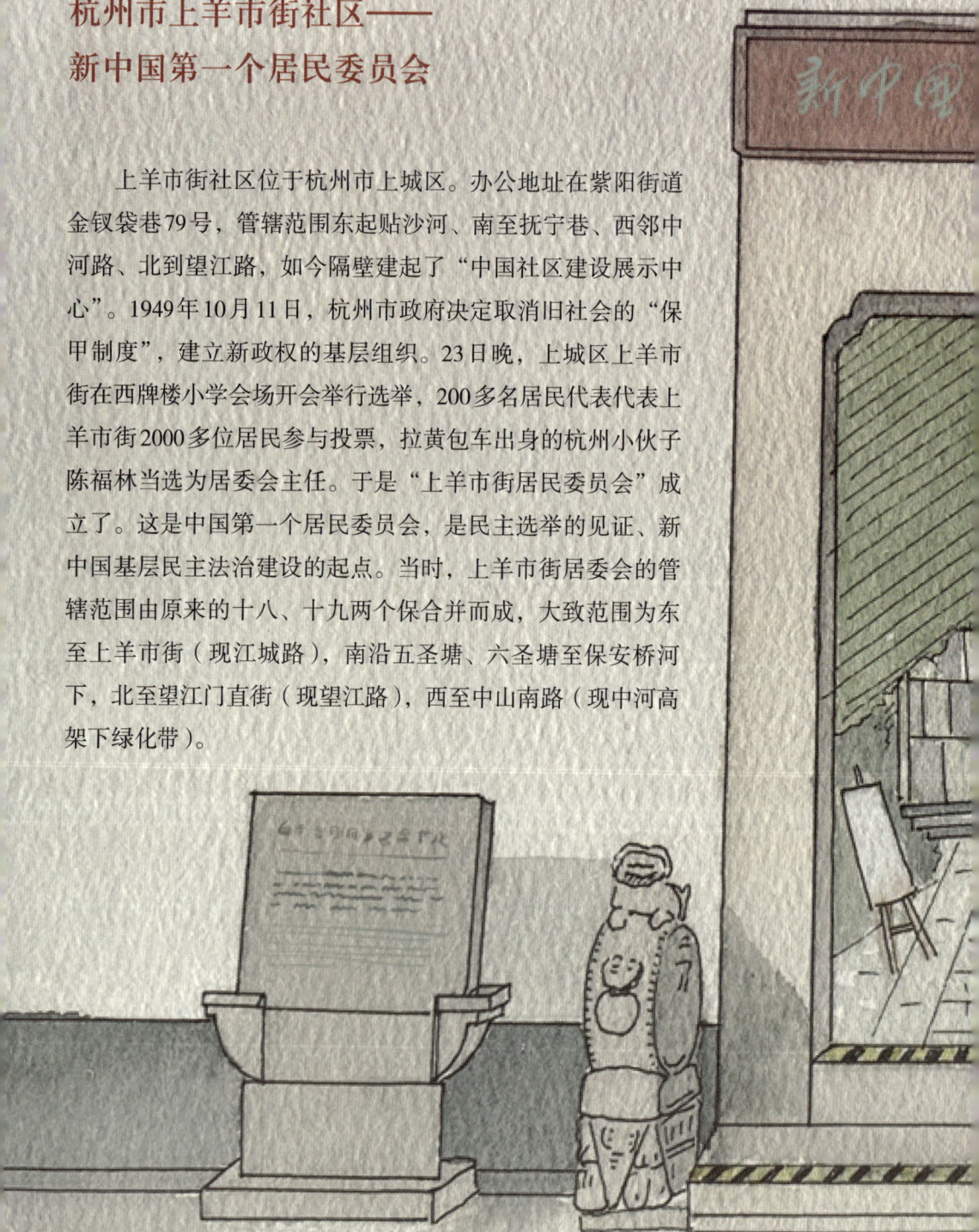

居民委員會

中国共产党杭州市上城区紫阳街道上羊市街社区委员会

杭州市上城区紫阳街道上羊市街社区居民委员会

杭州市上城区紫阳街道上羊市街社区居务监督委员会

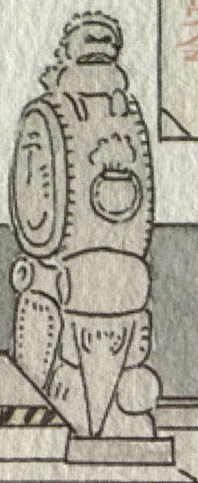

毛泽东主持起草《中华人民共和国宪法（草案）》办公地址及五四宪法历史资料陈列馆

毛泽东主持起草《中华人民共和国宪法（草案）》办公地址

　　毛泽东主持起草《中华人民共和国宪法（草案）》办公地址位于杭州市西湖区北山街84号大院。1953年12月24日，毛泽东带着宪法起草小组的陈伯达、胡乔木、田家英乘专列离开北京，于27日夜来到杭州，入住西湖刘庄一号楼，集中精力拟定新中国宪法文本。2个月的时间里，经过一次又一次的修改，一共完成了4稿，才写成了一个"比较成熟"的"五四宪法"草案稿本，提交中共中央政治局扩大会议讨论修改。毛泽东在带班起草"五四宪法"草案的过程中，不仅口头上谈意见和建议，而且多次在宪法草案的稿子上，注写批语，改写文字。

五四宪法历史资料陈列馆

　　五四宪法历史资料陈列馆位于杭州市西湖区，现有北山街、栖霞岭两个馆区和市民中心青少年展区，2016年12月4日开馆，收藏有大量珍贵文物、文献资料和历史档案。其中，北山街馆区所在的北山街84号大院30号楼是毛泽东主席1953年底1954年初在杭州起草宪法时的办公地，有一幢平房和一幢二层楼房，建筑面积共756平方米。展出了《西子湖畔制宪奠基》，基本陈列由序厅、复原陈列和主题陈列三个部分组成，主要讲述五四宪法从起草、讨论、通过到实施的全过程。栖霞岭馆区位于栖霞岭54号，建筑面积共1204平方米。这里以现行宪法宣传教育为主要内容，主要设置《宪法就在我们身边》主题展览，同时还设有宪法和法律图书馆（报告厅）。青少年展区位于钱江新城市民中心K座杭州市青少年发展中心一楼，设置有"青少年宪法教育主题展"。陈列馆已被评为全国爱国主义教育示范基地、全国法治宣传教育基地、全国青少年教育基地、全国关心下一代党史国史教育基地、全国重点文物保护单位，浙江省爱国主义教育基地、党史教育基地、法治文化建设示范点等。

梅家坞周总理纪念室

梅家坞周总理纪念室位于杭州市西湖区梅家坞村 129 号。纪念堂坐西朝东，占地面积 1500 平方米。两层木结构建筑，建于清末民初，具有江南小四合院风格。2003 年改造完善。1957—1963 年，周恩来总理曾先后五次来到梅家坞，关心、指导梅家坞的生产和建设，并以此作为指导全国农村工作的联系点。其间，周恩来总理还陪同苏联领导人伏罗希洛夫、斯里兰卡领导人班达拉奈克夫人等外宾来此参观，深入茶园了解当地茶农种茶、采茶情况。20 世纪 90 年代，茶乡人自筹资金，建成梅家坞周恩来总理纪念室，陈列反映周总理五次亲临梅家坞时的代表性图片 81 幅、实物 63 件，并有电视录像资料。

新安江水库与新安江水电站展览馆

新安江水库

    新安江水库位于杭州市淳安县境内，在钱塘江上游新安江主流上，是杭州面积最大的水体水库。是为建设新安江发电站而拦截兴建的大型水库，1957年破土动工，1959年9月建成开始蓄水，水库大坝设计高度105米（海拔115米）。为建设水库，上千座山峰沉于水下，1984年12月，浙江省地名委员会正式将新安江水库命名为"千岛湖"。

新安江水电站展览馆

　　新安江水电站展览馆位于杭州市建德市，1999年9月底建成开放，室内面积百余平方米。分四个展室，内容为工程建设、视察参观、科技进步、综合效益、多种经营、文明建设等部分，包括电站、千岛湖图表照片资料260帧、锦旗奖状奖杯等实物60余件。

　　新安江水电站是新中国第一个五年计划和1956年计划中的全国重点项目，是中国第一座自行设计、自制设备、自己施工建造的大型水利发电站，也是当时中国最大的水力发电站，总装机容量为66.25万千瓦。周恩来、朱德、董必武、陈毅、叶剑英、李先念和郭沫若等曾亲临电站视察指导，越南胡志明、柬埔寨西哈努克亲王等重要外宾也曾亲临参观。1994年被评为浙江省爱国主义教育基地，全国文明单位。

毛主席视察小营巷纪念馆

　　毛主席视察小营巷纪念馆位于杭州市上城区小营巷56号。1958年1月5日，毛泽东主席在赴杭州机场途中临时决定来到小营巷视察卫生情况，他先后来到61号、56号、42号三个墙门，察看了居民的卧室、厅堂、厨房、菜橱、水缸等，赞扬说：你们的卫生工作搞得不错！1972年小营巷56号墙门被辟为"毛主席视察小营巷卫生工作陈列馆"。1993年小营街道重新装修陈列馆。2001年陈列馆重建并定名为"毛主席视察小营巷纪念馆"。总面积约200平方米，免费开放。馆内正厅正面悬挂毛主席健步走在小营巷的巨幅照片，左侧墙上是毛主席题词"动员起来，讲究卫生，减少疾病，提高健康水平"；左厅排列着11幅毛主席和小营巷群众在一起的照片，以及毛主席坐过的藤椅，看过的《杭州日报》和用过的笔记本、笔、墨水瓶等实物；右厅陈列了反映小营巷60多年来卫生工作和全民健康教育的图片资料等。

蔡永祥烈士事迹陈列馆

　　蔡永祥烈士纪念馆位于杭州市西湖区钱塘江大桥北端西侧，占地17.4亩，其中展馆基础建筑面积2731平方米、陈列面积1550平方米。广场上矗立着9米高的蔡永祥塑像和22米长的毛泽东同志语录牌"为有牺牲多壮志，敢教日月换新天"，广场南端有一座32平方米的英烈亭。1966年10月10日，守卫钱塘江大桥的浙江省军区三支队三连战士蔡永祥为保护列车和大桥的安全而英勇牺牲。1966年底杭州市决定建立永久性纪念馆，1968年6月动工，11月1日建成并对外开放。1983年杭州市将纪念馆改为杭州市革命烈士纪念馆和蔡永祥烈士事迹陈列馆。

王伟墓、王伟雕像

　　王伟墓位于杭州市，在拱墅区城北半山的安贤园的最深处。2002年3月27日落成，青山环绕，绿水潺潺。墓地上有墓碑一通，2米多高，黑色花岗岩材质，碑前有一花坛，长0.6米、宽1米。

　　王伟雕像位于湖州市吴兴区凤凰公园广场，高10米、宽2.2米、重约80吨，花岗岩材质，由南京艺术学院李广玉设计制作。2001年八一建军节落成并

海空卫士王伟

1968
2001

揭幕。

王伟（1968—2001），男，汉族，浙江省湖州市人，中国海军航空兵飞行员，烈士，毕业于中国人民解放军空军航空大学。

2001年4月，在执行对美军电子侦察机跟踪监视飞行任务时，为保卫祖国领空，遭美机撞击被迫跳伞坠落壮烈牺牲。被中央军委追授"海空卫士"荣誉称号，获中国青年五四奖章。

2019年9月25日，王伟入选"最美奋斗者"名单。

G20 峰会主场馆

    G20峰会主场馆位于杭州市，在萧山区钱塘江南岸钱江世纪城奔竞大道353号的杭州国际博览中心。2016年9月20国集团领导人第十一次峰会在此举行，它不仅是主会场，同时也是G20峰会新闻中心、安保中心所在地。与钱塘江北岸的杭州主城区钱江新城隔江相望，和杭州大剧院、大金球组成的"日月同辉"在同一条中轴线上。展览中心总占地面积19.7公顷，主建筑由地上5层和地下2层组成，融合了中国气派和世界水准，以非凡创意把大国风范与杭州韵味融入到场馆设计的每个细节，将精致、创意、韵味、特色和盘托出。

二、宁波革命旧址

旧址概况

　　宁波，简称"甬"，副省级城市、计划单列市，国务院批复确定的中国东南沿海重要港口城市、长江三角洲南翼经济中心。下辖6个区（海曙区、江北区、北仑区、镇海区、鄞州区、奉化区），2个县级市（余姚市、慈溪市）和2个县（象山县、宁海县）。总面积9816平方千米，常住人口854.2万。

　　宁波地处四明山麓、东海之滨，是第二批国家历史文化名城。宁波人民具有光荣的革命斗争传统，新民主主义革命时期，涌现了一批代表时代先进性的优秀共产党人和革命志士，留下了数以千百计的可歌可泣的革命事迹，在漫漫征程上留下了丰富的红色文化遗产。社会主义建设时期尤其是改革开放以来，又创造了一系列具有重要影响的成就，奉献了一批崭新的红色文化资源。

　　宁波红色历史资源丰富。经普查调研，全市有革命遗址426处，位居全省前列，占全省革命遗址总数的五分之一，并具有时空分布广泛、历史价值高等显著特点。

　　宁波的红色文化资源可分为革命旧址遗迹和纪念性建筑两大主类。其中革命旧址遗迹主要包括在革命战争年代，或保家卫国、或意义重大的历史事件及活动的发生地的遗址、遗迹，是革命传统教育、爱国主义教育、科考研学以及寻根访祖的重要资源。纪念性建筑主要包括为纪念革命烈士、名人或在历史上有卓越贡献的人物建造的园林式建筑、纪念地、烈士墓（碑、亭），用作纪念革命先辈和重大历史事件的建筑物，其他为表达后人对先辈的追思和缅怀、对重大历史事件的纪念而建造的一系列纪念性建筑物及场所。

在空间上，它们大致分布五个方位：市区内，四明山方向，镇海、北仑方向，奉化、宁海方向，江北慈城、慈溪、杭州湾跨海大桥方向。

柔石故居与纪念馆

柔石故居

柔石（1902—1931），原名赵平复，浙江宁海人，中国共产党党员，中国现代文学史上著名的青年革命作家。1928年开始在上海从事革命文学运动，曾任《语丝》编辑，并与鲁迅先生同办"朝花社"。1930年作为发起人之一筹建自由运动大同盟。1930年中国左翼作家联盟成立，任执行委员、编辑部主任。同年5月以左联代表资格，参加全国苏维埃区域代表大会。1931年1月在上海被捕，同年2月7日与殷夫、欧阳立安等二十三位同志被国民党反动派秘密杀害。

柔石故居位于宁波市，在宁海县跃龙街道西大街柔石路1号。为旧式木构架三合院建筑，"柔石故居"匾额是鲁迅夫人许广平1960年的题词。柔石从出生至1928年去上海前居住在这里。1962年被公布为县级文物保护单位，1989年被公布为省级文物保护单位，2004年被公布为省级爱国主义教育基地。

柔石纪念馆

　　柔石纪念馆位于宁波市，在宁海县跃龙街道西大街柔石路1号。依托柔石故居开建，主要集中于二楼部分。旧式砖木结构，三合院。三间西厢房原为柔石出生和生活的地方；楼下明间为会客室；南次间为柔石父母的住房，摆放着旧式红橱和大床；北次间是柔石与夫人吴素瑛结婚的房间。楼上三间南次间为柔石的书房，现按原样陈列有大床、书橱与摇椅。橱内收藏有柔石当年读过的古今中外书籍数百部，书案上放着他用过的各式印章。楼上的北次间及正厅与东厢楼顶是展室，分四个部分介绍柔石生平事迹，展线长160米，展出图片69幅、实物70多件。展橱内有柔石少年时代在家乡上学时的作业及从事革命活动的信札、手迹、作品等。东厢设有电视放映厅，配备了大屏幕背投和VCD放映设施，介绍了柔石当年的日记、诗歌等内容，回顾了柔石的一生。

王家谟故居

　　王家谟（1906—1927），浙江象山人。1925年加入中国共产党，1927年后任宁波地委书记、浙江省委组织部负责人、省委代理书记等职。10月，根据党的八七会议精神，负责组织浙东大暴动。11月，赴宁波、上虞、鄞县、奉化、宁海、

温州等地筹划和检查暴动准备工作。11月12日在温州被捕，18日被杀害。

　　王家谟故居位于宁波市，在象山县丹城镇北山路14—16号。明末清初的砖木结构建筑，坐西朝东，硬山造，小青瓦屋面，通面宽13.20米，进深5.0米，分隔成三间一弄。建筑面积108平方米，共5间。明间五架梁、穿斗式，前檐出挑、露明，保存较为完整。2006年修缮，内设两间王家谟史迹陈列室，一间堂屋安放着用汉白玉制作的王家谟雕像，另一间居室为王家谟生前卧室，摆放着床、大橱、桌椅、书等物件。

卓兰芳纪念馆

卓兰芳（1900—1930），又名祥和，字培卿，化名李品三、李安德，浙江奉化人，浙江工农运动的先驱。1924年参加中国社会主义青年团，1926年被选为中共宁波地委委员，1927年出席中共五大，1928年5月任中共浙江省委书记，1930年在杭州被捕并被害于国民党浙江陆军监狱。

卓兰芳烈士纪念馆位于宁波市奉化市松岙镇海沿村。1993年依托故居扩建为"卓兰芳烈士故居陈列室"。2003年易名为"卓兰芳纪念馆"并对外开放，门悬匾额由张爱萍题写。纪念馆占地面积1120平方米。建筑面积572平方米，展室三间，其中第一室陈列卓兰芳生前参加革命活动时的图片及有关文字说明，第二室陈列卓兰芳生前使用过的部分家具什物和卓兰芳家人照片及有关文字说明，第三室陈列卓兰芳部分战友照片、有关文字说明和张爱萍、谭启龙同志的亲笔题词。同时在兰芳新村小区竖有卓兰芳烈士花岗石雕像一座。如今已是浙江省爱国主义教育基地、浙江省党史教育基地。

朱枫烈士纪念楼

朱枫（1905—1950），女，原名朱谌之，字弥明，浙江镇海人。1945年加入中国共产党。1938—1945年先后在党领导下的桂林、重庆、金华、上海的"新知书店"办事处工作。1949年接受党的特别委派，经香港只身赴台，从事祖国统一大业的秘密工作。1950年被叛徒出卖被捕，同年6月10日被害于台北。

朱枫烈士纪念楼位于宁波市，在镇海区镇海中学校园东南隅。原为朱家花园，建于民国。1994年整修，保留占地210平方米的"憩园"一角，其中两层的小别墅，建筑面积160平方米，是朱枫烈士青少年时代的旧居，后改为朱枫烈士纪念楼，陈列朱枫生平事迹和遗物，以及中央有关领导、朱枫生前亲友题字和纪念书画。小楼正中竖有朱枫半身雕像。2005年宁波在此举行隆重仪式纪念朱枫烈士诞辰100周年。2010年朱枫烈士的骨灰由台湾护送至北京，2011年烈士魂归故里，骨灰被安放于镇海革命烈士陵园。

浙东（四明山）抗日根据地旧址群

新四军浙东游击纵队军史陈列馆

　　新四军浙东游击纵队军史陈列馆位于宁波市，在余姚市梁弄镇横坎头村，属于浙东（四明山）抗日根据地旧址群的重要组成部分。主要分六个单元展出：浦东抗日武装南渡杭州湾、三北游击司令部成立、新四军浙东游击纵队成立、迎接大发展、反攻作战与北撤、地方武装与民兵建设。详细介绍了新四军浙东游击纵队在浙东地区从无到有，不断发展壮大，直至光荣北撤的伟大历程。

浙东抗日根据地旧址

浙东抗日根据地旧址位于宁波市余姚市梁弄镇横坎头村。浙东抗日根据地是以四明山为中心的浙东革命根据地、抗日战争时期全国十九个解放区之一、解放战争时期南方七个游击战争根据地之一。1941年中共上海党组织领导的第三战区淞沪游击队第五支队约900人，分七批南渡杭州湾，进入"三北"（余姚、慈溪、镇海三县北部）。1942年成立中共浙东区委员会，书记谭启龙，委员何克希、杨思一、顾德欢，并建立三北游击司令部，后改为新四军浙东游击纵队，统一整编浙东的抗日武装。1943年区党委和司令部进驻横坎头村和梁弄镇，形成以四明山腹地梁弄为指挥中心的浙东抗日根据地。2005年中共浙东区委成立旧址（位于慈溪）与原省级文物保护单位余姚梁弄中国共产党浙东区委旧址等合并，更名为浙东抗日根据地旧址。2006年被公布为第六批全国重点文物保护单位。2019年被批准为国家AAAA级旅游景区，同时也是全国重点建设的百个"红色旅游经典景区"、浙江省百万青少年红色之旅经典景区。

四明山革命烈士纪念碑

　　四明山革命烈士纪念碑位于宁波市，坐落在余姚市梁弄镇西侧的狮子山上，是纪念抗日战争时期浙东抗日根据地烈士及解放战争时期浙东革命根据地烈士的重要建筑物。1973年开始修建，历时五年完成，占地面积4万平方米，建筑面积2500平方米。主体工程以花岗岩砌成，纪念碑高18.5米，碑正面镌刻着"革命烈士永垂不朽"8个镏金大字，碑下平台面积3600平方米，碑后有500平方米的休息长廊，碑前台阶7层，上下石阶319级。碑园外西侧建有为浙东根据地做出突出贡献的著名领导人谭启龙、何克希、顾德欢、马青、张文碧等同志的墓园。1994年被公布为全国重点烈士纪念建筑物保护单位，1996年被公布为浙江省爱国主义教育基地。

宁波樟村四明山革命烈士陵园

　　宁波樟村四明山革命烈士陵园位于宁波市，坐落在鄞州区章水镇樟村，面临樟溪河，背靠大雷山岗，环境优美，风景宜人。主要由纪念塔、烈士纪念馆、室外兵器陈列、群雕、烈士墓等组成，园内绿树草坪衬以雕塑、兵器陈列、题词墙、景观亭等，共成大局。园区正门有浙江省原省长薛驹题字"宁波樟村四明山烈士陵园"，之后是一个寓意"枪杆子里面出政权"的大铜雕和一个硕大的红五星。1944年始建四明山烈士墓，1951年在原址兴建纪念塔及墓，1992年扩建，2009年再次改扩建，总用地面积10万多平方米，建筑面积6200多平方米，绿地面积6万多平方米。1963年被列为省级重点文物保护单位，2001年被评为全国爱国主义教育示范基地，2002年被列为浙江省重点烈士建筑物保护单位。

四明山革命烈士陵园纪念馆

四明山革命烈士陵园纪念馆位于宁波市，坐落在鄞州区章水镇樟村烈士陵园西首。占地3519平方米，陈列内容分五大部分：第一部分大潮初起，烽火不息；第二部分土地革命的不息火炬；第三部分喋血四明，横扫房顽；第四部分枕戈待旦，迎接解放；第五部分前赴后继，光耀河山。馆内墙上"英烈永垂四明"碑石，铭刻670余位烈士英名。另有一个能容纳200余人的放映厅，用音像电影的形式讲述烈士的生平事迹和革命斗争史。纪念馆后陈列着一辆808型坦克和一架歼－6型歼击机，现为国防教育基地。

浙东革命根据地纪念馆

　　浙东革命根据地纪念馆位于宁波市，坐落在余姚市梁弄镇横坎头村中共浙东区委旧址内。是为怀念抗战时期和解放战争时期浙东根据地党政军民英勇斗争的光辉业绩而建。1981年正式对外开放。为木结构清末民居建筑，大门往北正对南厢楼的西首一间，檐下为中共浙江省委原书记王芳手书的"浙东革命根据地纪念馆"，正中立有张爱萍题词的"中国共产党浙东区委员会旧址"石碑，立于须弥座上。馆内共展出抗日战争和解放战争时期浙东革命根据地有关党的建设、政权建设、武装斗争、统一战线等七个方面内容，共陈列历史照片162幅，图表39个，各类革命文物361件。属于全国重点文物保护单位，浙江省首批爱国主义教育基地。

四明山革命烈士塔

　　四明山革命烈士塔位于宁波市。坐落在鄞州区章水镇樟村烈士陵园。1944年12月，为悼念死难烈士，鄞奉县抗日军民万人集会，将李敏、徐婴等11位烈士灵柩安葬在现烈士陵园纪念亭前，并在墓前竖碑一块，为四明山烈士墓的前身。塔高44.12米，取意1944年12月奠基。塔上镌刻"革命烈士纪念塔"七个大字。塔后整齐地排列着800穴革命烈士墓，每穴墓的墓碑上镌刻着烈士的姓名、生卒年和籍贯。墓群后有"浙东刘胡兰"李敏等革命烈士的公墓。四周镌刻着"大嵩潮""梅园旗""樟溪血""四明火"四组浮雕，艺术地再现了新民主主义革命时期鄞州人民如火如荼的革命斗争历程。旁边有谭启龙等同志的题字墙和题诗墙。

滕头村

　　滕头村隶属于宁波市奉化区，是奉化城区与溪口镇之间的一个行政村。以"生态农业""立体农业"及"碧水蓝天"绿化工程，形成别具一格的生态旅游区，是 AAAA 级旅游景区。先后荣膺全球生态500佳、世界十佳和谐乡村、全国首批文明村、中国十大名村等荣誉，拥有全国唯一的村级"全国青少年科技教育基地"。2008年，滕头村入选上海世博会"城市最佳实践区"，成为全球唯一入选的乡村案例，被誉为"中国生态第一村"。

三、温州革命旧址

旧址概况

温州，简称"温"或"瓯"，是浙江省地级市，长江三角洲中心区27城之一，国务院批复确定的中国东南沿海重要的商贸城市和区域中心城市。全市辖4个市辖区（鹿城区、龙湾区、瓯海区、洞头区），5个县（永嘉县、平阳县、泰顺县、文成县、苍南县），代管3个县级市（瑞安市、乐清市、龙港市），总面积11612.94平方千米，2019年末全市常住人口为930万人，其中市区人口305.2万人。

温州不仅是国家历史文化名城，而且是一块具有光荣革命传统的土地，红色文化璀璨夺目。现存革命遗迹众多，重要革命遗迹和纪念设施80余处，全部对外开放，是全国30条红色精品旅游路线之一。

早在1920年秋，温州青年谢文锦就加入了中国社会主义青年团，1921年转为中共党员，与刘少奇、任弼时等人一同赴苏学习。1924年又受党组织的委派，赴温州筹建党团组织。1924年浙南地区最早的党组织中共温州独立支部建立，领导人民群众开展了轰轰烈烈的革命运动。从此，温州地区的工运、农运、学运、知运风起云涌，如火如荼，有力地支援了国民革命。

土地革命战争时期，浙南农民武装暴动风起云涌。1930年3月，以浙南农民武装暴动为基础，成立了"浙南红军游击总指挥部"，5月正式编为中国工农红军第十三军。红军挺进师在浙南坚持三年游击战争，在温州当地革命力量的配合下创建的浙南游击根据地，是三年游击战争时期南方15块革命根据地之一。

抗日战争时期，平阳和温州市区曾是中共浙江省委机关所在地，温州一度成为浙江党组织领导全省革命斗争的中心。浙南党组织在国民党顽固派的武装"清剿"中，坚持斗争，并开辟了浙南抗日游击区。

解放战争时期，浙南地区先后建立了4个中心县委、12个县委、52个区委，在根据地内80%的行政村建立了党的基层组织。到解放前夕，浙南人民武装已发展到1万余人，党员4.1万余人，根据地总面积达1.3万平方千米，与浙东根据地一起，被毛泽东称为解放战争时期南方七大游击区之一。在解放大军渡江南进的胜利形势下，1949年4月至5月，浙南人民武装一举解放了温州全境。

温州市红色旅游景点众多。知名的主要有：温州市区中共温州独立支部纪念碑亭、红十三军和红军挺进师纪念碑、粟裕骨灰敬撒处、浙南游击纵队纪念碑、温州革命历史纪念馆、温州革命烈士纪念馆，永嘉红十三军旧址（包括浙南红军游击总指挥部旧址、红十三军成立旧址、红十三军军部旧址、岩头事件旧址、金贯真烈士墓等），浙南（平阳）革命根据地旧址（包括中共闽浙边抗日救亡干校旧址、红军挺进师纪念碑、北上抗日出征门、中共浙江临时省委成立旧址、大屯会议旧址、中共浙江省第一次代表大会旧址）等。

其中，平阳是老革命根据地，境内现存革命遗迹众多，与南雁荡山和南麂列岛的自然景观相互交融，形成了包括红军革命史迹、闽浙边根据地史迹、中共浙江省一大史迹、烈士纪念史迹和粟裕大将骨灰敬撒处五大板块，以红色旅游资源为主和自然景观相辅的革命圣迹景观群。平阳山门、凤卧一带是该根据地的中心，是中国工农红军挺进师、中共闽浙边临时省委与浙江省委的活动中心，是刘英、粟裕等同志创建的浙南革命根据地之一。

中共温州独立支部成立旧址

　　中共温州独立支部成立旧址位于温州市鹿城区信河街大高桥壬子巷大厦东侧，原是侯衙巷新民小学。原为三间民居平房，"文革"时期被拆除。2007年在当年"中共温州独立支部"成立遗址附近(信河街大高桥与壬子巷交叉口西北角)建立"中共温州独立支部纪念亭"。纪念亭为正四角形仿古式，亭高7.6米，占地面积27平方米。亭内上方悬挂着纪念"中共温州独立支部"碑文，供游人瞻仰。

谢文锦烈士纪念碑及雕像

谢文锦烈士纪念碑

　　谢文锦（1894—1927），浙江永嘉人。1920年加入社会主义青年团，1921年加入中国共产党。不久，与刘少奇、任弼时、罗亦农、萧劲光等人被党派遣到莫斯科东方大学学习。1924年回国，担任共产国际代表、苏联军事政治顾问鲍罗廷的翻译，并任中共中央秘书。1924年在温州创建浙南最早的党组织——中共温州独立支部，这是浙江直属中央领导的第一个党组织。1926年担任中共上海杨树浦区委书记、中共南京地委书记，参加上海工人三次武装起义组织领导工作。1927年在南京被捕并被敌人秘密杀害。

　　谢文锦烈士纪念碑位于温州市永嘉县潘坑乡潘坑村，1992年兴建，由碑身、碑顶、碑座、围栏组成。其中碑高5.5米、宽1.05米，正面是张爱萍题写的"谢文锦烈士永垂不朽"；碑顶是红五星；碑体正面下方刻有烈士生平简介；碑座长1.6米、宽1.4米，围以青石栏杆。碑座四周广场可容纳百余人。

谢文锦烈士雕像

　　谢文锦烈士雕像位于温州市永嘉县城区，属于永嘉县革命历史纪念馆的重要组成部分。矗立在纪念馆广场右侧，半身，铜质，高2.3米、宽1.8米，固定在花岗岩石基座之上。站在铜像所处平台，可以俯瞰县城全景。

中国工农红军第十三军军部旧址群

　　中国工农红军第十三军军部旧址位于温州市。坐落在永嘉县岩头镇五尺村红军小镇上。原是胡氏四房宗祠，外形轮廓"口"字形，始建于清雍正六年（1728年）。占地面积1467平方米，建筑面积403平方米。坐西朝东偏南，系五间两进、左右廊、合院式木结构建筑。正门上方横匾镌刻着张爱萍题写的"中国工农红军第十三军军部旧址"。大门内有前厅、后厅、左右两廊，中央天井里有一方形水池，约50平方米，两廊外侧又各有一个长14米、宽7米的水池。祠堂后面是险要的江山头。1930年红十三军成立的时候，军部就设在这里。

中国工农红军第十三军纪念馆

　　中国工农红军第十三军纪念馆位于温州市。坐落在永嘉县楠溪江腹地岩头镇五尺村红军小镇上，红十三军军部旧址西侧约50米处。2000年落成，2010年扩建，2019年再次改扩建。现占地面积约2320平方米，馆内陈列红十三军的历史资料和红军战士使用过的土炮、刀枪等实物及展览图片。纪念馆天井两廊，镌刻着红十三军部分烈士指战员的生平。纪念馆与纪念碑、军部旧址遥相呼应。为浙江省文物保护单位、浙江省党史教育基地、浙江省红色之旅经典景区、浙江省青少年红色旅游精品路线。

红十三军纪念碑

　　红十三军纪念碑位于温州市。坐落在永嘉县岩头镇五尺村红军小镇上。左有红十三军军部旧址，右有红十三军纪念馆，前有红十三军石雕。碑身高18米，矗立在苍松翠柏之间，是1700多位红军战士用生命铸成的丰碑。碑身正上方有张爱萍题写的"中国工农红军第十三军纪念碑"13个大字。碑身正下方石座镌刻着红十三军悲壮的战斗历程。

中共闽浙边临时省委成立旧址

　　中共闽浙边临时省委成立旧址位于温州市。坐落在泰顺县九峰乡白柯湾村小宫庙。整座建筑为木结构，占地面积35平方米，进深7.1米、宽5.2米，庙门外有防护墙。1935年10月5日，红军挺进师在福建省寿宁县含溪村与闽东独立师一部会合。11月7日，双方在泰顺县九峰乡白柯湾村小宫庙召开了第二次联席会议，宣布成立中共闽浙边临时省委，下辖浙西南、闽东两个特委。

中共闽浙边临时省委成立纪念碑

中共闽浙边临时省委成立纪念碑位于温州市。坐落在泰顺县九峰乡白柯湾村小宫庙后山的小恋山上。1991年建造，碑高3米、宽1米。正面刻有"中共闽浙边临时省委成立纪念碑"大字，背面有碑文。碑座竖立在面积15平方米的平台上，四周有石栏。白柯湾村内还有一座百年历史的木结构古民居，是当年中共闽浙边临时省委成立时粟裕、刘英等红军指战员的住所。

温州革命历史纪念馆

温州革命历史纪念馆位于温州市鹿城区江心屿上。在原温州博物馆馆舍基础上整修改建而成，2008年开馆，为古庭院建筑，占地1880平方米。围绕温州新民主主义革命历史时期布展，分为党的创建与大革命时期、土地革命战争时期、抗日战争时期和解放战争时期4部分、15个专题，展出图片551幅、革命文物208件。是浙江省爱国主义教育基地、党史教育基地、廉政文化教育基地。

温州革命烈士纪念馆

　　温州革命烈士纪念馆位于温州市鹿城区江心屿上。1956年在原普寂祥院废址上建成。坐北朝南，建筑分大门、纪念碑、纪念馆三个部分，占地面积3190平方米。纪念馆长28米、宽12米，为两层歇山顶仿古建筑，二楼设环形走廊，分设三个展厅、一个接待厅，馆门上方金字匾额"温州革命烈士纪念馆"，字为沙孟海题写。纪念碑碑体用花岗岩石镶面，高15米，碑上方正中镶嵌着一颗五角红星，碑座四周用北京房山产汉白玉贴面，正面镌刻毛泽东手书"为国牺牲永垂不朽"。

雁荡山革命烈士陵园与纪念碑

雁荡山革命烈士陵园

  雁荡山革命烈士陵园位于温州市乐清市雁荡镇响岭头村。1951年开始兴建，后几经修缮扩建，1963年建成雁荡山革命烈士纪念碑，1995年建成乐清革命烈士纪念馆，形成雁荡山革命烈士陵园。陵园整体占地6600平方米，由正门、人行道、祭坛、骨灰塔、纪念碑、墓穴、亭台、花坛和纪念馆等组成。主体建筑为烈士墓、烈士纪念碑、烈士纪念馆，东、南、西三面均砌有花墙，高1.5米，长300米。安息着400多位各个历史时期牺牲在浙东南地区的革命烈士。正门系牌楼式建筑，水泥冲天柱三间结构，柱头饰以云纹。青石门额刻有粟裕题写的"雁荡山烈士墓"六个大字。1998年被公布为浙江省爱国主义教育基地。

雁荡山革命烈士纪念碑

　　雁荡山革命烈士纪念碑位于温州市。坐落在乐清市雁荡山烈士陵园内。花岗岩材质，高13米，碑名"雁荡山革命烈士纪念碑"由张爱萍题写。碑座嵌有六块青石，上刻《雁荡山革命烈士纪念碑志》。碑后有烈士墓，墓背后狮子峰的悬崖峭壁上刻有"为国牺牲"四个大字，每个字3米见方，成为烈士墓的天然匾额。

苍南革命烈士陵园

苍南革命烈士陵园位于温州市。坐落在苍南县城灵溪公园山麓东南侧，总占地面积1.3万多平方米，建筑面积3500平方米，1986年动工兴建。主要设施包括烈士墓、烈士纪念馆、陵园大门、石牌坊、亭、廊、综合管理房等建筑和陵园绿地。其中，墓室表面采用花岗岩砌成，其上共刻有768位革命烈士的英名。墓体正面似两面巨幅大旗，两座墓室中间屹立着著名书法家苏渊雷教授题写的"英烈千古"纪念碑，墓室前面是381平方米的祭坛。墓体两边竖立由张爱萍题写的"中国工农红军挺进师纪念碑"和由叶飞题写的"中共鼎平县委员会纪念碑"。

肇平垟革命纪念馆革命纪念馆

　　肇平垟革命纪念馆位于温州市瑞安市塘下肇平垟中村，邻近104国道，1989年筹建。占地面积6400平方米，建筑面积2500平方米。正门横额嵌刻"肇平垟革命纪念馆"八个大字。内有展厅四个，陈列着五四运动前后到社会主义建设时期瑞安东区人民革命斗争史迹和烈士照片。另建有讲解（会议）厅、接待室各一个。2001年被公布为浙江省爱国主义教育基地。

文成县珊溪革命历史纪念馆

    珊溪革命历史纪念馆位于温州市文成县珊溪镇百成山。原来是刘英纪念馆，1996年5月18日建成并开放，以纪念刘英1942年5月18日英勇就义。1999年重修并更为现名。占地面积20余亩，建筑面积678平方米。进出口是一个大花坛，对面为石阶，分三级直向广场，其中第一级36步、第二级42步，寓意刘英于1942年36岁时牺牲。共设四个陈列室。一、二室主要介绍红十三军、红军挺进师以及挺进师政委刘英在珊溪的革命斗争史，三、四室主要介绍以坦歧村为中心的珊溪革命斗争史、朱大孝的革命事迹和96位革命烈士事迹。整体布局和各室陈列的文物、实物、图片、文字、画册等资料，按照"尊重历史、体现特点"的原则，完全围绕"凸显爱国主义教育和红色旅游圣地"主题展开。2001年被公布为浙江省爱国主义教育基地。

浙南红军指战员北上抗日出征门

浙南红军指战员北上抗日出征门位于温州市平阳县山门镇凤岭山，属于浙南（平阳）工农红军挺进师纪念园的一部分，建筑群总占地面积5280平方米。1998年兴建的"中国工农红军挺进师纪念碑"，坐北朝南，背靠群山，面向畴溪。刘华清题写碑名。纪念碑分为主碑、北上抗日出征门、碑林三大部分，三者共同组成一个阶梯式的建筑群。北上抗日出征门在主碑前方，高4米、宽3米。张震在门楣上题写"北上抗日出征门"。门柱两边各有一道相称的白石板墙，高4米、宽2米，墙的正反两面刻有抗战浮雕像。门后则有3组各38级的石阶通向主碑。主碑后面是以黑色花岗岩为底的碑林，上刻中央和省、市领导，各界知名人士的题词。

泰顺中国工农红军挺进师纪念馆

　　中国工农红军挺进师纪念馆位于温州市泰顺县九峰乡白柯湾村，2003年落成并开馆。纪念广场占地2000多平方米，场前立卧牌馆名，迟浩田题写。广场后面，是建筑面积900多平方米的纪念馆。馆内一楼设休息厅、报告厅以及知名人士题词陈列室等；二楼设图片资料展厅和文物展厅，展出红军挺进师在浙南三年游击战争时期的珍贵图片资料和文物500多件，重点反映了当年中国工农红军挺进师为泰顺革命事业进行长期艰苦斗争的英雄历史。现在是浙江省国防教育基地。

凤卧冠尖——中共浙江省一大旧址

中共浙江省一大陈列馆

中共浙江省一大陈列馆位于温州市平阳县凤卧镇凤林村冠尖山半山腰省一大旧址附近。1939年7月21日至30日，中国共产党浙江省第一次代表大会先后在凤卧镇的冠尖山与马头岗召开。为纪念这次重要的会议，2007年建成陈列馆，2017年再次提升扩建，总建筑面积569.4平方米，其中展厅266.7平方米、多媒体值班室160平方米。馆陈内容丰富、主题突出，以图文和幻影成像等手段，生动反映了从浙江省委成立到省一大、从省一大到浙江解放、从浙江解放到改革开放的辉煌历史。2009年被公布为全国爱国主义教育示范基地。

四、湖州革命旧址

旧址概况

湖州，是浙江省下辖地级市，是长江三角洲中心区27城之一、环杭州湾大湾区核心城市、G60科创走廊中心城市，是环太湖地区因湖而得名的城市。下辖两区（吴兴、南浔）、三县（德清、长兴、安吉），面积5820平方千米，居住人口306万人。

湖州地处苏浙皖边，在党领导的革命斗争中具有重要地位。1927年湖州地区第一个党组织——中共湖州支部成立。抗日战争时期，党在湖州领导了轰轰烈烈的抗日救亡运动，建立了新四军苏浙军区，开辟了浙西根据地。解放战争中，奉命留守的干部党员，带领人民群众坚持斗争，发展成为苏浙皖边游击战争的一部分。在革命、建设和改革征程中，特别是在艰苦的战争岁月里，湖州人民的许多优秀儿女为创立和建设新中国献出了宝贵生命。

湖州红色文化资源相对丰富且集中。有革命遗址遗迹93处，全国重点文物保护单位23处；国家级爱国主义教育基地和全国青少年教育基地各1处，均为新四军苏浙军区纪念馆；浙江省爱国主义教育基地7处，湖州市市级爱国主义教育基地55处。

长兴境内的新四军苏浙军区旧址群，是目前江南地区保存最完整、内涵丰富且规模最大的抗日战争时期革命旧址群，被誉为"江南小延安"。新四军在浙西以苏浙军区司令部为中心，各种机构呈星状分布于长兴县西北部的槐坎、白岘，现保存较好的旧址有17处，总面积达1万平方米。成为全国闻名的爱国主义教育示范基地、青少年教育基地、国防教育示范基地、红色旅游经典景区、国家AAAA级旅游景区、省青少年红色之旅经典景区。

湖州市烈士陵园是为纪念湖州革命英烈于1986年兴建的。由山顶平台、革命烈士纪念碑、壮飞亭、落红亭、烈士事迹陈列室和半山亭等建筑组成。陵园所在的岘山，因名胜众多，风景幽美，故有"城南胜景之首"的美称。

白云山馆（莫干山509号别墅），是全面抗战初期周恩来与蒋介石莫干山谈判的旧址，见证了国共合作的重要历程。

钱壮飞纪念馆

　　钱壮飞纪念馆位于湖州市吴兴区岘山东侧的湖州市革命烈士陵园内。以钱壮飞烈士的革命生涯为主线，以所处不同历史阶段为分期，由序厅、投身革命、沪杭两年、龙潭潜伏、金陵之夜、红都岁月、长征路上和尾厅八个部分组成。陈列文献、报刊、图片、实物、画作、模型和影视作品等1000余件，全景再现了钱壮飞烈士光辉而传奇的一生。馆内有钱壮飞半身像一幅，轮廓、线条均由一个个摩斯密码组成，根据钱壮飞的3张照片构图而成。

长兴新四军苏浙军区旧址群

新四军苏浙军区纪念馆位于湖州市长兴县槐坎乡温塘村。馆室原为清代王氏大户民宅。砖木结构，风火墙，前后两进五开间走马楼，外加左右两侧屋，共有大小房间46间，面积1400平方米。整座建筑规模恢宏，布局紧凑，构造精致，雕饰华丽，高低有序，结构适宜。在载体上，熔文学、绘画、戏剧、雕刻、书法为一炉，体现了清代民宅徽派建筑古朴、庄严、典雅的艺术风格。1945年为新四军苏浙军区一纵队司令部机关驻所。同年2月5日新四军苏浙军区成立大会就在旧址前原新四军练兵场上召开，当时近万名新四军指战员参加。馆辖新四军苏浙军区旧址17处。旧址及其展出的革命文物、历史照片等系统记录了粟裕、叶飞、王必成、江渭清领导的苏浙军区战斗历程，生动形象反映了新四军苏浙军区抗日反顽斗争史迹和抗日根据地广大军民坚持抗战的辉煌业绩。1975年维修并开辟新四军苏浙军区史料陈列室。1985年正式建馆，江渭清题名。2001年被公布为全国重点文物保护单位。现为全国爱国主义教育示范基地、全国青少年教育基地、AAAA级旅游景区，浙江省爱国主义教育基地、国防教育基地、青少年红色之旅经典景区。

新四军苏浙军区纪念馆

江渭汀

"粟裕同志部分骨灰敬撒处"纪念碑

　　粟裕骨灰敬撒处位于湖州市长兴县新四军苏浙军区纪念馆广场西侧。1984年4月26日，粟裕将军的亲属遵照粟裕生前意愿，由将军次子夫妇护送，在南京军区有关领导陪同下，将部分骨灰撒在长兴温塘旧址广场前。11月建立"粟裕同志部分骨灰敬撒处"纪念碑。

新四军苏浙军区纪念碑

新四军苏浙军区纪念碑位于湖州市。坐落在长兴县槐坎乡新四军苏浙军区纪念馆的右前方。1995年为纪念新四军苏浙军区成立50周年而建。碑上的"N4A"是新四军的英文首字母。

孝丰革命烈士陵园

孝丰革命烈士陵园位于湖州市。坐落在安吉县孝丰镇城东1千米处缸窑岭上。占地64亩,主要由烈士纪念碑、烈士公墓、纪念馆、粟裕大将铜像、将士英烈亭、垂芳亭、红军亭、忠魂亭等纪念设施构成。其中,新四军天目山反顽战役纪念馆建筑面积350平方米,分上下两层,三个展厅,通过400多幅图片资料、100件实物生动形象地反映了天目山三次反顽战役的战况。1988年被列为省级重点烈士纪念建筑物保护单位。

孝丰革命烈士纪念碑

　　孝丰革命烈士纪念碑位于孝丰革命烈士陵园内。矗立在陵园进门129级台阶之上的山上，高12米，正面镌刻张爱萍题写的"革命烈士永垂不朽"，碑后面为革命烈士墓，安葬着210位革命烈士遗骸，他们中年龄最大的37岁，最小的仅14岁。

五、嘉兴革命旧址

旧址概况

嘉兴，别称禾城，是浙江省地级市，长江三角洲中心区27城之一，是国务院批复确定的中国具有江南水乡特色的旅游城市；位于浙江省的东北部，下辖2个区（南湖区、秀洲区），3个县级市（海宁市、平湖市、桐乡市），2个县（嘉善县、海盐县）。

嘉兴迄今保存完好的革命旧址遗迹有109处。其中，党的创立时期7处，大革命时期13处，土地革命时期8处，抗日战争时期32处，解放战争时期18处，新中国成立后31处。其中2处被列为全国重点文物保护单位，3处被列为省级重点文物保护单位，46处被列为市级文物保护单位。还包括5处全国爱国主义教育示范基地，是嘉兴南湖中共一大会址、茅盾故居、步鑫生与海盐衬衫总厂改革旧址、秦山核电站、杭州湾跨海大桥。

嘉兴名人辈出，涌现出茅盾、沈泽民、沈钧儒、徐志摩、陈省身、丰子恺、步鑫生等名家大师。

新文化运动的先驱者——茅盾。他出生在一个思想观念颇为新颖的家庭，从小接受新式教育，后考入北京大学预科，毕业后入商务印书馆工作，从此走上了改革中国文艺的道路。他是新文化运动的先驱者、中国革命文艺的奠基人之一。

鄂豫皖边区的创立者——沈泽民。中共早期组织成员，也是中国早期女权主义理论重要翻译传播者。1921年5月加入上海共产党早期组织。1925年参加五卅运动，任党中央机关报《热血日报》编辑。

中国企业改革纪念章获得者——步鑫生。曾任浙江省海盐衬衫总厂厂长、党支部副书记，海盐县二轻总公司副经理。20世纪80年代初，步鑫生解放思想，大胆改革创新，使企业迅速发展。其独创精神开风气之先，得到了党中央和浙江省委的肯定与推广，"步鑫生神话"由此轰动全国。2018年12月18日，党中央、国务院授予步鑫生"改革先锋"称号，颁授改革先锋奖章，并获评城市集体企业改革的先行者荣誉。

国内最大的核电基地——秦山核电站。位于浙江省海盐县武原镇新桥南路东侧，是中国核工业集团公司下属的国有大型核电生产运营企业。几十年来，秦山核电有限公司在管理上积极与国际接轨，引进并推行国际上先进的管理方法，不断进行设备技术改造，运行水平达到世界中值水平，实现了周恩来总理提出的"掌握技术、积累经验、培养人才"的目标。

世界12大奇迹桥梁之一——杭州湾跨海大桥。浙江境内连接嘉兴市和宁波市的跨海大桥，全长36千米、桥梁总长35.7千米，桥面为双向六车道高速公路，设计速度100千米/小时。大桥总体平面为S形曲线，由北航道桥、南航道桥、引桥及海中平台组成；南北航道的通航孔桥处各呈一拱形，具有起伏跌宕的立面形状。

嘉兴红船。中国共产党在嘉兴宣告成立，嘉兴南湖的一大纪念船，承载了中国共产党的诞生这一开天辟地的大事件，被人们亲切地称为"南湖红船"，受到人们的敬仰。嘉兴红色文化的集中体现就是中国共产党的"红船精神"。

红船与南湖革命纪念馆

红船

　　中共一大闭幕之处。1921年7月，中共一大在上海秘密举行，因突遭法租界巡捕搜查，一大代表毛泽东、董必武等从上海转移到嘉兴，在南湖的一艘丝网船上完成了大会议程，宣告了中国共产党的诞生。由此这艘船被称为中国革命

的"红船"，有"一船红中国，万众跟党走"的美誉。为了纪念中共一大在南湖游船上胜利闭幕这一历史事件，1959年10月，嘉兴仿制并展出了一条当年一大开会的游船，船长约16米、宽3米，船头宽平，内有前舱、中舱和后舱。当年会议就在中舱举行。2017年10月31日，在党的十九大胜利闭幕一周之际，习近平总书记带领中共中央政治局常委专程赶赴上海和这里，探寻我们党的精神密码。

南湖革命纪念馆

　　坐落在嘉兴市南湖湖畔，2006年奠基，2011年正式对外开放。占地面积2.73公顷，总建筑面积19633平方米，其中展厅面积7794平方米。由一主两副三幢建筑组成，平面呈"工"字造型；四周有五十六根檐柱，形象烘托出"中国共产党是中国工人阶级先锋队，同时是中国人民和中华民族的先锋队，是中国特色社会主义事业领导核心"的深刻寓意。主体建筑俯瞰呈镰刀锤头党徽形状，总高为19米，顶部矗立高6米井字形外方内圆的丰功牌坊；门楣镶嵌邓小平题写"南湖革命纪念馆"七个金色大字；馆内分党史陈列、文物库房、接待室、管理设施四个部分。作为全国爱国主义教育示范基地，南湖革命纪念馆已成为向广大人民群众特别是青少年进行革命传统教育和爱国主义教育的重要场所。

茅盾、沈泽民故居

茅盾故居

茅盾故居位于桐乡市乌镇观前街17号，既是茅盾出生和童年生活的地方，也是茅盾进行早期创作的地方。故居占地600平方米，分前后两幢。前幢为二层楼房，是卧室、厨房、客厅等，有一别致的小庭院；后幢为三间平房，是茅盾1934年亲自设计翻修的书斋，庭院内有茅盾手植的天竹、棕榈。整个建筑采用我国传统的木结构民居形式，简朴无华。东邻原为立志书院，现为茅盾纪念馆，收藏和陈列着有关茅盾、沈泽民的大批文物与图片。1988年1月，茅盾故居被国务院公布为全国重点文物保护单位，1995年2月被浙江省委宣传部公布为浙江省爱国主义教育基地。

茅盾、沈泽民合影

茅盾（1896—1981），原名沈德鸿，笔名茅盾、沈仲方、沈明甫等，字雁冰，浙江桐乡人。中国近现代著名作家、文学评论家、文化活动家以及社会活动家，代表作有小说《子夜》《春蚕》和文学评论《夜读偶记》。1981年茅盾将稿费25万元人民币捐出，设立"茅盾文学奖"，以鼓励当代优秀长篇小说的创作。

沈泽民（1900—1933），学名德济，笔名成则人、李清扬等，浙江桐乡人。中共早期组织成员，中国早期女权主义理论重要的翻译者，鄂豫皖边区的创立者，沈雁冰（茅盾）之弟。1921年5月加入上海共产党早期组织，同年底任上海平民女校教员。1925年参加五卅运动，任党中央机关报《热血日报》编辑。曾任中共中央委员、中共中央宣传部部长、鄂豫皖省委书记等职。1933年11月20日，因病在鄂豫皖苏区内的湖北省黄安县（今红安县）天台山芦花冲逝世，时年33岁。

步鑫生与海盐衬衫总厂改革旧址

步鑫生

　　步鑫生（1934—2015），浙江嘉兴人。八级裁剪师，曾任浙江省海盐衬衫总厂厂长、党支部副书记，海盐县二轻总公司副经理。20世纪80年代初，步鑫生解放思想，大胆改革创新，使企业迅速发展，其独创精神开风气之先，得到了党中央的肯定与推广，"步鑫生神话"由此轰动全国，步鑫生也成为20世纪80年代知名度最高的企业家，1983年也被称作"步鑫生年"。2018年12月18日，党中央、国务院授予步鑫生"改革先锋"称号，颁授改革先锋奖章，并获评"城市集体企业改革的先行者"荣誉。

海盐衬衫总厂改革旧址

　　海盐衬衫总厂位于嘉兴市海盐县，由武原缝纫合作社发展而成，1979年10月更为此名，1980年11月迁至县城广场西路39号。20世纪80年代初，厂长步鑫生带领大家进行改革创新，工厂面貌发生极大变化。1983年职工增加到500多人，成为海盐县首家产值超千万元的企业、浙江省最大的专业衬衫厂。海盐衬衫总厂的改革创新得到中央肯定并推广，"步鑫生"成了那个时代改革创新的代名词，其改革创新精神在推动中国城市经济体制改革进程中发挥了先导作用，被誉为"揭开了企业改革的帷幕"。

秦山核电站

　　秦山核电站地处嘉兴市海盐县，是中国自行设计、建造和运营管理的第一座30万千瓦压水堆核电站。1985年开工建设，1991年建成并投入运行。2015年年发电量约500亿千瓦时，成为国内核电机组数量最多、堆型最丰富、装机最大的核电基地。它的建成发电被誉为"国之光荣"，结束了中国内地无核电的历史，不仅标志着"中国核电从这里起步"，而且标志着中国核工业的发展上了一个新台阶，成为中国军转民、和平利用核能的典范，使中国成为世界上第7个能够自行设计、建造核电站的国家。2019年被中央宣传部公布为全国爱国主义教育示范基地。

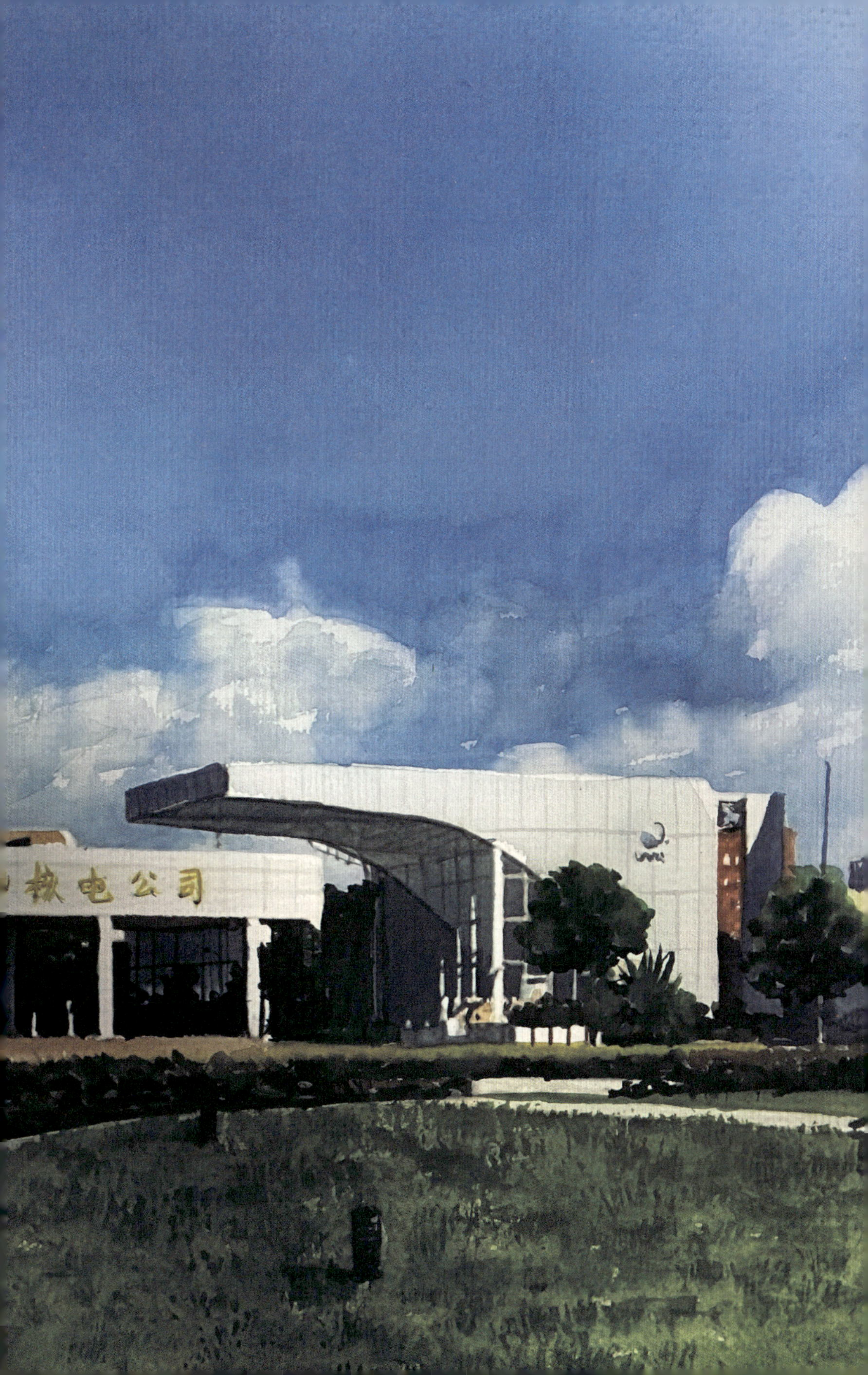
核电公司

杭州湾跨海大桥

　　杭州湾跨海大桥位于浙江境内，连接嘉兴市和宁波市，横跨在钱塘江入海的杭州湾上。线路全长36千米，其中桥梁总长35.7千米。桥面为双向六车道高速公路，设计速度100千米/小时。总体平面为S形曲线，由北航道桥、南航道桥、引桥及海中平台组成；南北航道的通航孔桥处各呈一拱形，具有起伏跌宕的立面形状。2003年6月8日奠基建设，2008年5月1日通车运营。获得2010—2011年度"中国建设工程鲁班奖"，是世界12大奇迹桥梁之一。

六、绍兴革命旧址

旧址概况

绍兴，简称"越"，古称越州，是浙江省地级市，国务院批复确定的中国具有江南水乡特色的文化和生态旅游城市。截至2018年，全市下辖3个区（越城区、柯桥区、上虞区），1个县（新昌县），2个代管县级市（嵊州市、诸暨市），总面积8274.79平方千米，常住人口503.5万人，城镇人口335.33万人，城镇化率66.6%，常住外来人口达79万人。

绍兴已有2500多年建城史，是首批国家历史文化名城、联合国人居奖城市，中国优秀旅游城市、国家森林城市、中国民营经济最具活力城市，也是著名的水乡、桥乡、酒乡、书法之乡、名士之乡。绍兴素有"文物之邦、鱼米之乡"之美誉。著名的文化古迹有大禹陵、兰亭、沈园、秋瑾故居、鲁迅故里、蔡元培故居、周恩来祖居、柯岩、鉴湖等。

"鉴湖越台名士乡，忧忡为国痛断肠。剑南歌接秋风吟，一例氤氲入诗囊。"绍兴以其深厚文化和红色热土哺育、抚养了一代代红色文化名人。如，弃医从文、用笔杆书写救国救民篇章的"中国文化革命的旗手"鲁迅，无产阶级革命家、党和国家领导人周恩来，"文军长征带头人"竺可桢等，无不凝聚着绍兴红色文化的精华。又如俞秀松、王一飞、叶天底、张秋人、梁柏台、汪寿华、宣中华等一大批先进人物在我们党创建初期，就活跃在革命斗争的最前线，成为中国共产党和社会主义青年团早期的著名人物。在《浙江籍早期共产主义知识分子群体的形成研究》一书统计的21位浙江籍早期著名的共产主义知识分子中，绍兴籍的共有11位，占比达到52.4%。

绍兴是全国闻名的红色旅游城市，到处都散发着红色文化的韵味。从资源分布看，以越城区为中心，周边呈圆弧状分散，如众星捧月般散播在全市的每一处角落，绵延在历史的每一个细节中。周恩来祖居和鲁迅故里就坐落在绍兴城区。周恩来祖居再现了百岁堂周氏的脉系；鲁迅故里见证了一代文豪，被誉为"民族魂"的鲁迅的诞生和成长的足迹。同时，在绍兴，府山革命烈士纪念碑等红色景点组成了红色资源核心；在上虞，有革命史迹陈列馆、浙东游击纵队北撤会议旧址、共青团创始人之一叶天底故居等；在嵊州，有长乐革命烈士纪念碑、三界镇革命烈士墓、石璜缴枪战斗旧址、马寅初故居等；在新昌，有梁柏台的故居、纪念碑等。绍兴拥有丰富的红色文化资源，不仅体现为诸多红色文化名人，也体现在与其相关的遗址、故居以及历史、故事和精神中。

　　绍兴红色文化的开发与带动，让绍兴城乡充满火热的时代新气息和传承革命、弘扬爱国精神的新面貌，也让绍兴人长期浸润在红色文化的熏陶中，焕发出新的活力和生机，从而展现出一个更加丰满的绍兴形象。

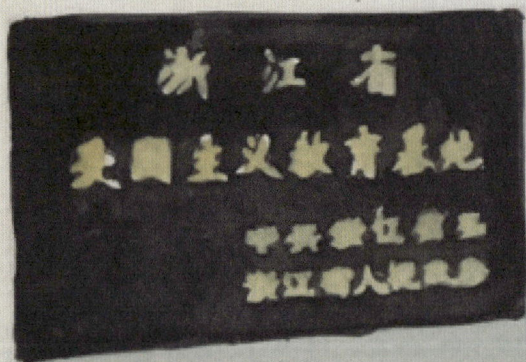

俞秀松故居与烈士陵园

俞秀松故居和雕像

俞秀松（1899—1939），字柏青，浙江诸暨人。中国共产党早期杰出的革命活动家，杭州五四运动的领导人；上海共产党早期组织的发起人之一，中国共产党成立发起人之一，中国社会主义青年团创始人。1939年2月在苏联的"肃反"扩大化中被害。1962年，党和人民政府颁发烈士光荣证书，表彰俞秀松的革命功绩。

俞秀松故居位于诸暨市次坞镇溪埭村。坐北朝南，属晚清四合院式楼房建筑，占地面积458平方米。正屋大厅中安放着俞秀松烈士的半身铜像，东侧厢房楼上为俞秀松的出生地。2001年被公布为绍兴市爱国主义教育基地，2005年被公布为浙江省爱国主义教育基地，浙江省级文物保护单位。

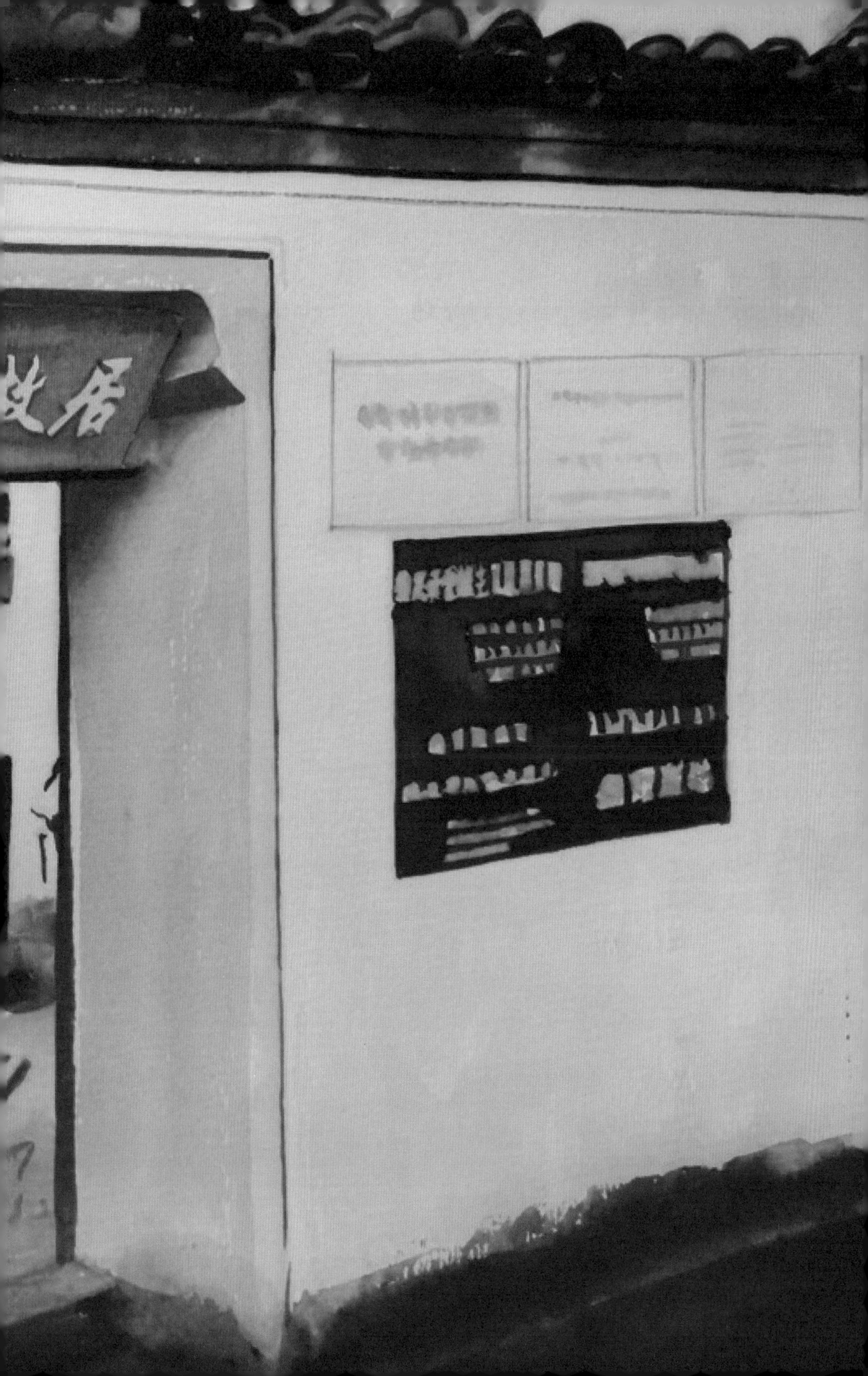
居

俞秀松烈士陵园和纪念碑

俞秀松烈士陵园位于诸暨市次坞镇溪埭村。在村子东侧俗称柏树山的山坡上，始建于1987年，占地1500余平方米。陵园门台呈现"之"字形，正面横刻胡耀邦同志的题词"俞秀松烈士陵园"，下用白色大理石镌刻俞秀松烈士生平介绍。纪念碑位于陵区中心，碑高9.9米，下大上小，顶内收成三角形；碑四面中间内凹，南侧碑身正面镌刻党和国家领导人李先念金色题字"俞秀松烈士永垂不朽"；碑座分两层，每层高0.6米；纪念碑后面有陵园记碑文。2005年被评为浙江省爱国主义教育基地、浙江省级文物保护单位。

鲁迅故居及纪念馆

鲁迅故居（景区大门）

　　鲁迅（1881—1936），原名周树人，字豫才，"鲁迅"是他1918年发表《狂人日记》时所用的笔名，浙江绍兴人。著名文学家、思想家、革命家、民主战士，五四新文化运动的重要参与者，中国现代文学的奠基人。

　　鲁迅故居位于绍兴市，在越城区东昌坊口新台门内，是鲁迅青少年时期生活过的地方，如今与祖居（老台门，约建于1810—1813年，原为鲁迅家最早的住处）、三味书屋、百草园、鲁迅纪念馆等共同组成了一个规模较大的反映鲁迅早年生活的旧式建筑群落，统称鲁迅故里。它已经发展成一个解读鲁迅作品、品味鲁迅笔下风物、立体感受鲁迅当年生活情境的真实场所，是绍兴的"镇城之宝"。1988年，鲁迅故居被列为全国重点文物保护单位。

　　鲁迅故居所在的整个新台门约建于19世纪初叶。故居原为两进，内有鲁迅诞生的房间。鲁迅的童年、少年时期在此度过，直至1899年出外求学。1910—1912年，鲁迅回乡任教亦居于此。1912—1919年，鲁迅也曾几次回乡在此住过。

鲁迅纪念馆（局部）

　　鲁迅纪念馆位于绍兴市，在越城区鲁迅中路235号。位于鲁迅故里的东侧，始建于1953年，是新中国成立后浙江省最早建立的纪念性人物博物馆，2003年恢复为周家新台门。东接鲁迅祖居，西邻周家新台门，北毗朱家台门，南临东昌坊口，与寿家台门隔河相望。总占地面积为6000平方米，建筑面积约为5000平方米。主展厅共两层，分为南、北展厅两个大空间形式，同时又与序厅紧密相连；南展厅二层为中庭式回廊展场，主要展出鲁迅的生平事迹。三味书屋是鲁迅纪念馆的重要建筑之一。鲁迅纪念馆1994年被评为全国优秀社会教育基地，1996年被评为浙江省文明示范博物馆，1997年被中央宣传部公布为全国爱国主义教育示范基地。

周恩来祖居

　　周恩来祖居位于绍兴市，在越城区保佑桥河沿即今劳动路东首，原名锡养堂。占地面积2150平方米，建筑面积1680平方米，坐北朝南，是一处具有明代建筑风格的砖瓦房，富有传统特色的黑色竹丝台门。陈云题写门匾。外观古朴庄严，共三进，每进三间房；两进之间各有天井相隔，天井两侧有小廊对拱。新中国成立后，由于年久失修，已有不同程度损毁，绍兴人民曾多次计划修缮，但均被周恩来、邓颖超劝阻。在20世纪50年代末小修后，周恩来提出将祖居交于国家使用。80年代末，绍兴市对祖居进行全面整修，恢复原貌，并重建了东轴、西轴建筑。1998年在周恩来诞辰100周年之际，绍兴再次予以扩建。1995年被评为浙江省爱国主义教育基地，1997年被列为浙江省级文物保护单位。

周恩来广场雕像

位于绍兴市越城区周恩来祖居门前广场上。1998年3月建塑，高4米、重2.1吨，全身铜质，下衬基座。像后汉白玉照壁上镌有周恩来书写的"努力学习、精益求精"八个镏金大字。

枫桥经验陈列馆

　　枫桥经验陈列馆位于绍兴市，在诸暨市枫桥镇海魄大道旁枫桥镇社会服务管理中心三楼，原陈列室位于枫桥镇步森大道52号，2013年为纪念"枫桥经验"诞生50周年移于现址。占地面积7776平方米，主展区通过"枫桥经验"的诞生、演进、发展、升华、新时代"枫桥经验"在浙江的探索实践五大篇章串联起"枫桥经验"的发展历程。2009年被命名为浙江省党史教育基地。

　　"枫桥经验"是20世纪60年代初浙江省绍兴市诸暨县（今诸暨市）枫桥镇干部群众创造的"发动和依靠群众，坚持矛盾不上交，就地解决。实现捕人少，治安好"的基层社会治理

样板。1963年毛泽东曾亲笔批示"要各地仿效，经过试点，推广去做"。习近平总书记高度重视坚持和发展"枫桥经验"，2003年在浙江工作时，明确提出要充分珍惜"枫桥经验"，大力推广"枫桥经验"，不断创新"枫桥经验"。

2013年10月11日，纪念毛泽东同志批示"枫桥经验"50周年大会在浙江杭州召开。中共中央总书记、国家主席、中央军委主席习近平就坚持和发展"枫桥经验"作出重要指示强调，各级党委和政府要充分认识"枫桥经验"的重大意义，发扬优良作风，适应时代要求，创新群众工作方法，善于运用法治思维和法治方式解决涉及群众切身利益的矛盾和问题，把"枫桥经验"坚持好、发展好，把党的群众路线坚持好、贯彻好。

七、金华革命旧址

旧址概况

金华，古称"婺州"。浙江省地级市，长三角中心区27城之一。位于浙江中部，境辖两个区（婺城区、金东区），四个县级市（兰溪市、义乌市、东阳市、永康市）和三个县（武义县、浦江县、磐安县），总面积10941多平方千米。

金华人杰地灵、人才辈出。具有代表性的红色资源不胜枚举，既有党的早期组织成员、《共产党宣言》第一个中文全译本翻译者陈望道，也有红色文化战线上的杰出人物冯雪峰、邵飘萍等，还有英勇抗战的台湾义勇队等，也有社会主义建设时期涌现出来的时代先锋所创造的义乌小商品市场。

金华红色文化资源十分丰厚。比如，在金东一带，有爱国人士故居群；在义乌，有文化名人故居群，如邵飘萍、艾青、冯雪峰、吴晗、施光南等，其中分水塘村的陈望道1920年在柴屋里全文翻译《共产党宣言》，更是点燃了中国青年知识分子的激情，为马克思主义的迅速传播提供了条件。

金华还是抗日武装金萧支队第八大队的成立地和抗日战争浙赣战役的重要战场。在全国性抗日战争期间，金华还曾一度成为东南抗日前哨。从上海、杭州、延安、武汉等地而来的文化名人云集金华，各种书报刊竞相涌现，在当时被称为"东南抗战文化名城"。

金华保存完好的革命遗址遗迹共256处。其中，党的创立时期2处，大革命时期17处，土地革命时期74处，抗日战争时期75处，解放战争时期20处，新中国成立后兴建68处。旧址建筑多为纪念馆、烈士纪念碑、烈士雕塑，其中旧址有中共浙西特委成立旧址、中共浦江县委成立旧址；具有代表性的场馆包括中共浙江省委书记徐英烈士纪念馆、中国工农红军第三团纪念馆、台湾义勇队纪念馆；具有代表性的陵园墓碑有金佛庄烈士陵园、兰溪革命烈士陵园、磐安县革命烈士纪念碑、刘英烈士陵园、义乌革命烈士陵园、东阳市革命烈士陵园、张鼎祥等二十五位烈士墓等；具有代表性的故居有邵飘萍故居、陈望道故居、潘漠华故居、艾青故居、施存统故居等。

千秋巨笔、一代宗师——陈望道，《共产党宣言》的第一个中文本全译者。1920年春，陈望道在老家柴房苦译《共产党宣言》，曾将墨汁误作红糖，蘸着吃下母亲送来的粽子。这个"真理的味道"的故事，直到今天还被人反复提起。

左翼文化运动领导者之一——冯雪峰，曾是左翼文坛上一颗闪闪发光的新星，是人们公认的"鲁迅学"权威。1933年上海中共地下党组织遭到严重破坏时，他坚决贯彻中央的路线、方针、政策，在文坛上披荆斩棘，开拓努力。1941年被捕入狱，饱受病痛折磨，但是他在残酷的地狱中拿起笔来，控诉旧世界的罪恶，点燃了一把熊熊燃烧的烈火，照亮了狱中战友的斗争道路。

眼见国家将亡，不应徒作书生——金佛庄，中共早期军事干部，浙江最早的党组织——中共杭州小组成员，中共三大代表，参加过两次东征和北伐，被誉为北伐名将。1926年12月12日，在南京被军阀孙传芳部杀害。金佛庄是第一位牺牲在南京雨花台的中共烈士，也是黄埔军校最早牺牲的中共党员之一。从寒门学子到投笔从戎，最终成长为一名国民革命的英雄，金佛庄用生命铸就了辉煌的人生。

在中共浙江省委和国民党浙、闽两省政府的支持下，台湾籍爱国人士李友邦动员散居在闽北崇安县的台湾同胞来浙参加抗日斗争，并于1939年2月在金华成立台湾义勇队，李友邦任队长。在队内秘密建立了中共支部，直接受浙江省委统战部副部长吴毓领导。台湾义勇队以抗日救国为己任，积极进行抗日宣传，创办《台湾先锋》等刊物，同时做好医务工作，在金华、兰溪和衢州设立医院、樟脑制造厂和药品生产厂，直接服务抗日前线。

被广大中外客商誉为"小商品王国"的义乌小商品市场，从"鸡毛换糖"到"世界超市"的180度转变，从第一代的"义乌小商品市场"发展到第五代的"义乌国际商贸城"，中间经历了20多年，先后有五次搬迁八次扩建，现已发展成为庞大网络。

陈望道故居

陈望道（1891—1977），浙江金华人，教育家、语言学家、翻译家。陈望道故居位于义乌市城西街道分水塘村。建于1909年，坐北朝南，呈"凹"字形布局，1998年进行整体维修。建筑面积294平方米，一进五开间，左右厢房各两间，开间前檐有天井，设有照墙，附有柴房一间。正堂明间门口上方悬挂汪道涵题写的"陈望道故居"匾额。1919年，陈望道从日本留学回来，因提倡思想解放，被当局以"非孝""废孔"和"共产"等罪名查办，于1920年初回到家乡，首译了《共产党宣言》全部中文本。

陈望道翻译《共产党宣言》的柴房

    陈望道翻译《共产党宣言》的柴房位于金华市义乌城西街道分水塘村陈望道故居的右角不远处，原屋被火焚，现建筑为复原再建。该建筑内，有陈望道端坐蜡像一尊，伏案工作、笔耕不辍，亦如生前常有的状态。屋子里还放着一个"烘炉子"。桌子上放着煤油灯，陈望道心疼油用得多，就将煤油灯的两根线抽掉一根。1920年春陈望道在此苦译《共产党宣言》，曾将墨汁误作红糖，蘸着吃下母亲送来的粽子，遂有"真理的味道是甜的"的佳话流传。他翻译的《共产党宣言》，为中国革命取得了"天火"，照亮了革命者的道路。

冯雪峰故居、雕像与墓碑

冯雪峰故居

冯雪峰（1903—1976），浙江义乌人，现代著名诗人，文艺理论家。冯雪峰故居位于义乌市赤岸镇神坛村。故居建于1909年，坐东朝西，为前后二进五开间二楼四合院砖木结构建筑，总占地面积为255平方米。大门前左右各植雪松一棵，右侧立长方青石碑一块，上面阴刻"回忆雪峰"，门边墙上镶嵌有丁玲题写的"雪峰故居"黑色大理石匾。冯雪峰在此出生，并度过少年时代。1937年12月，冯雪峰返回义乌，开始了反映长征长篇小说《卢代之死》的创作。1941年2月在此被捕，1942年11月被营救出狱。1997年，故居列入浙江省文物保护单位。

冯雪峰雕像

冯雪峰雕像位于义乌市赤岸镇神坛村冯雪峰故居内，半身，略长的脸庞上布满皱纹，眉清目秀，神态随和，注明"1903—1976"生卒年。冯雪峰这位1903年出生，从小就下田干活、上山砍柴，直到1919年小学毕业走上革命道路的"纯粹的山里人"，是中国现代文学史上"筚路蓝缕，以启山林"的开拓者，是参加过二万五千里长征的作家。

冯雪峰墓碑

　　冯雪峰墓碑位于义乌市赤岸镇的神坛村。2003 年，适逢冯雪峰百年诞辰之际，遵照冯雪峰生前遗愿，后人将其骨灰从北京八宝山革命公墓迁葬回乡。墓碑为三块巨型鹅卵石，呈"品"字形放置，前低后高。前左为其妻何爱玉墓碑，前右为立碑人即冯氏子孙姓名，后为冯雪峰墓碑。墓碑取材天然巨石，高 2 米、重 2.8 吨，时任国务院总理朱镕基题写墓名。

邵飘萍旧居与纪念馆

邵飘萍旧居

　　邵飘萍（1886—1926），浙江东阳人，革命志士、新闻摄影家。邵飘萍旧居位于金华市金东区内浮桥街 89 号，为民国时期建筑。坐西朝东，共两进，面宽三间，通面宽11米，通进深14米，是砖木结构二层楼屋，地面铺设三合土，顶覆小青瓦，硬山顶，占地面积305平方米。现同为邵飘萍陈列馆，2016年开馆。陈列馆内布展很多珍贵文物，以邵飘萍的生平为脉络，以图片资料与实物展示相结合的方式，力求最大限度地还原其在中国近代新闻史上的杰出地位和卓越贡献，展现其"飘萍一支笔，胜抵十万军"的伟大革命精神和爱国情怀。2011年被公布为省级文物保护单位。

飘萍纪念馆

　　飘萍纪念馆位于东阳市横店中国革命战争博览城内，是目前规模最大、资料最全，全面展示邵飘萍烈士一生业绩的纪念馆。1996年建成开馆，馆址先后设在横店文化村、横店明清民居博览城内，2009年落定现址。占地面积330平方米，建筑面积660平方米，共分6个展室，陈列有邵飘萍烈士油画、半身像和木雕像等，还有500余件珍贵文物和图片资料。其中包括毛泽东对邵飘萍烈士报告的批示手迹，邵飘萍的手迹、遗物、《京报》等珍贵史料。

金佛庄烈士陵园与衣冠冢

金佛庄烈士陵园

　　金佛庄烈士陵园位于金华市东阳市横店镇水碓山。占地100多亩，其中房屋建筑面积约400平方米、室外建筑面积约2000平方米。建于1995年，其中烈士故居原址在良渡村，系烈士母亲于1928年前后用抚恤金所建，五间两层普通民居，建筑面积185平方米，2000年由原址拆迁到陵园内重建。中共中央原副主席李德生题写"金佛庄烈士陵园"，镌刻在陵园前石牌坊顶端。陵园由石牌坊、卫士群像、烈士雕像、烈士故居、纪念碑、纪念馆、衣冠冢等部分组成。属于浙江省爱国主义教育基地，浙江省党史教育基地。

金佛庄烈士衣冠冢

金佛庄烈士衣冠冢位于金华市，在东阳市横店镇水碓山金佛庄烈士陵园内。

金佛庄（1897—1926），浙江东阳人，1922年加入中国共产党，是浙江省最早的中共组织——中共杭州小组的3位成员之一。1923年作为浙江代表出席中共三大，1924年受党组织派遣参与黄埔军校的创建工作，曾任黄埔军校第一期第三学生队队长，教导第二团三营营长，国民革命军第一军一师二团党代表、团长和总司令部警卫团少将团长等职。参加过东征和北伐。1926年12月11日在南京下关码头遭军阀拘捕，次日在南京雨花台被秘密杀害，是第一位牺牲在雨花台的中共党员。

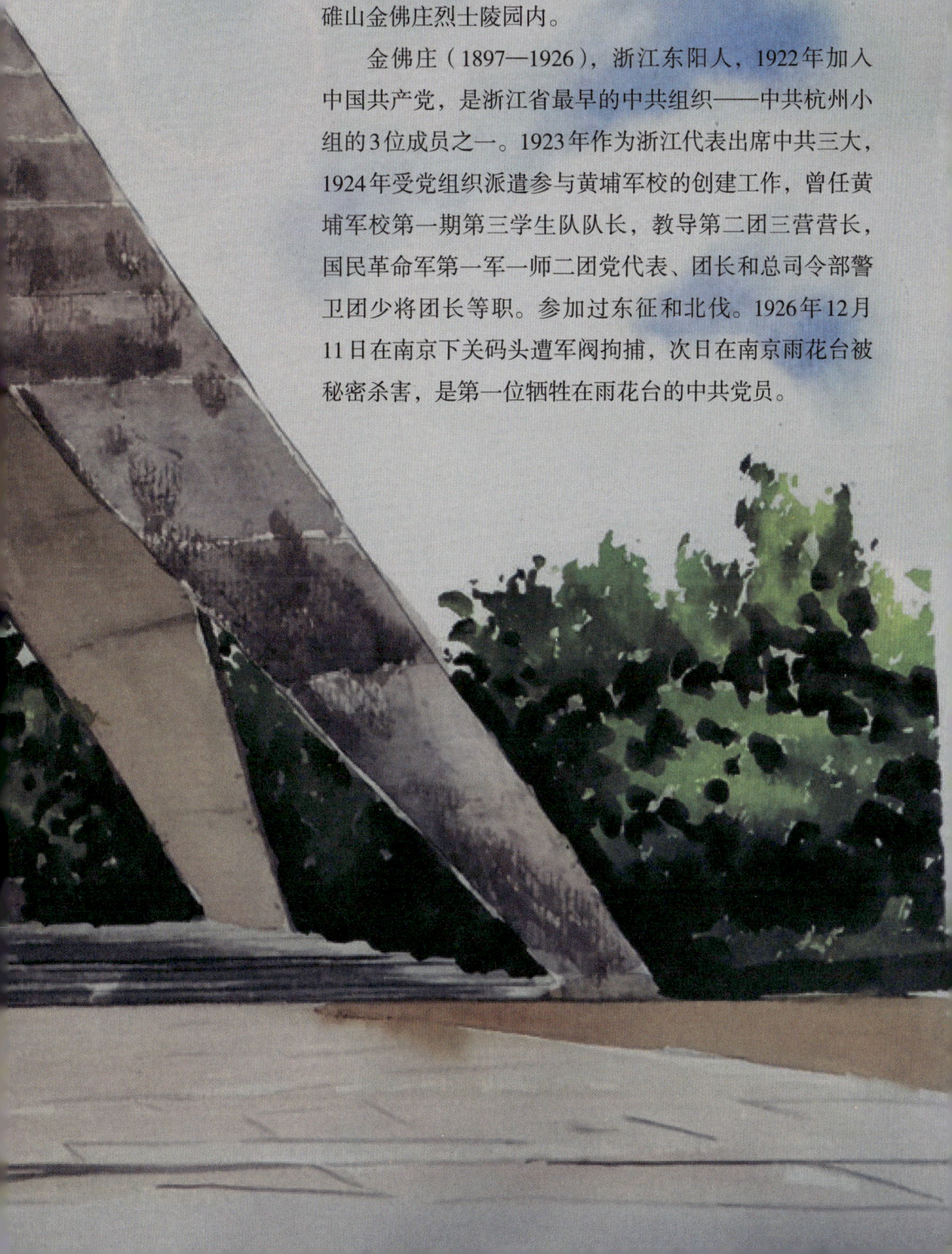

列英

張貴卿

烈士殉難處

一九八七年三月三〇

刘英烈士陵园

刘英（1905—1942），原名声沐，化名可夫、越人、爱群、锄非、王志远、林远志，江西瑞金人。1929年4月，改名刘英，参加中国工农红军第4军。9月，加入中国共产党。1934年7月随红军北上抗日先遣队出征。2月先遣队改组成为红军挺进师，粟裕任师长，刘英任政委。之后在浙西南坚持三年游击战争。1938年9月，任中共浙江省委书记。1942年5月被杀害于永康方岩。

刘英烈士陵园位于金华市，在永康市方岩风景区马头山麓。始建于1953年，1982年重修，1988年被定为现名，聂荣臻元帅题写园名。1992年扩建。总面积33409平方米，集墓、馆、碑、亭于一园。陵园是刘英、张贵卿烈士的牺牲地，建有刘英烈士墓、张贵卿烈士墓、永康十三烈士合墓以及刘英、张贵卿殉难处碑石。其中刘英烈士墓墓碑由粟裕大将题写。现为浙江省重点文物保护单位、重点烈士纪念建筑物保护单位和爱国主义教育基地，2005年被命名为浙江省红色之旅经典景区。

台湾义勇队纪念馆

　　台湾义勇队纪念馆位于金华市，在金东区酒坊巷84号（台湾义勇队成立旧址）。2004年建成，民国中西合璧式民居建筑，坐北朝南，占地面积200平方米，建筑面积约155平方米。2006年修缮，马英九为"台湾义勇队纪念馆"题写馆名。此外还有汪道涵题词"台湾义勇队在金华"，连战题词"同源同祖同文，连山连水连心"等。分2个展厅，展出老照片60余张，书画类、文件类、徽章及军用品、队员生活用品和墓碑及铜像等文物近百件，再现了当年台湾义勇队、台湾少年团的战斗与生活。是台湾人民有组织参加祖国大陆抗战的唯一历史遗存，2007年被公布为浙江省爱国主义教育基地。

義烏小商

义乌第一代小商品市场

　　义乌小商品市场位于义乌市城区的稠城街道，是义乌历史上第一代小商品市场。最早起源于20世纪60年代末的廿三里镇。1982年4月，谢高华赴任义乌县委书记，他在改革开放初期，冒着丢"乌纱帽"的风险，毅然做出开放义乌小商品市场的决定。1982年8月25日，由义乌县政府、稠城镇、义乌县工商局城阳工商所三级部门成立的"稠城镇整顿市场领导小组"下发了"一号通告"，宣布将于当年9月5日起正式开放"小商品市场"，一个在稠城镇湖清门，另一个在廿三里镇。义乌第一代小商品市场由此诞生。当时，有关部门还投资9000元在湖清门沿街露天铺设了700个水泥板摊位。经过几十年的发展，如今义乌小商品市场，已经发展成为一个由国际商贸城、篁园市场和宾王市场组团构成的大型市场网络。

八、衢州革命旧址

旧址概况

衢州，为浙江省地级市，是一座具有1800多年历史的江南文化名城，位于浙江省西部，一直是浙、闽、赣、皖四省边际交通枢纽和物资集散地，素有"四省通衢、五路总头"之称。目前下辖2个区（柯城、衢江）、3个县（龙游、常山、开化）、1个代管县级市（江山），居住人口257.63万人。

在中国共产党领导的新民主主义革命过程中，衢州人民做出了巨大的贡献，留下了不可磨灭的印记。

1927年初，中共衢县支部（后改为中共衢州独立支部）、中共龙游独立支部、中共江山小组相继建立，与国民党左派结成革命统一战线，领导了衢州地区轰轰烈烈的大革命。

作为市内唯一的革命老区县，开化县第一个党支部1931年建立。之后这里的革命活动从未停歇。

1931年至1937年，衢州地区党组织先后在中共赣东北特委、赣东北省委、闽浙赣省委领导下，相继成为闽浙赣（皖浙赣）边革命根据地中后期的一翼，进行了艰苦卓绝的土地革命和武装斗争，留下了方志敏、粟裕等老一辈无产阶级革命家和红军北上抗日先遣队、红军挺进师英勇奋战的足迹。

1935年5月中旬，中共开婺休中心县委在长虹乡库坑成立。同年7月，中共闽浙赣省委秘密机关也曾迁到这里开展活动，历时半年。1938

年2月，南方8省的红军游击队7000余人先后在开化集结，组编成新四军第一、第二、第三支队，奔赴抗日前线。

全国抗日战争时期，衢州地区的党组织逐步恢复和壮大。1941年皖南事变后，中共衢属特委及下属各级组织，贯彻中共中央东南局关于"长期隐蔽，积蓄力量，等待时机"的方针，转入地下斗争。1946年6月，国民党反动派发动全面内战，衢州地区在抗日战争时期建立的各级党组织均遭破坏，基本停止了活动。只有个别支部艰难生存，直到衢州全境解放。

衢州革命遗址遗迹丰富多彩，共有110处。属于大革命时期的有3处，土地革命时期的有52处，抗日战争时期的有32处，解放战争时期的有14处，解放战争后兴建的有9处。其中重大事件遗址遗迹有中共闽浙赣省委机关旧址、中共皖浙特委旧址、中共衢县支部旧址等十多处旧址，具有代表性的陵园墓碑有衢州革命烈士陵园、龙游县革命烈士陵园、开化县革命烈士纪念碑、常山县革命烈士纪念碑、霞山烈士墓。

长虹乡红军遗址纪念群

中共闽浙赣省委机关旧址

　　中共闽浙赣省委机关旧址位于衢州市开化县长虹乡库坑村，距离县城50千米。旧址为土木结构民房，占地200余平方米。当时是中共闽浙赣省委、中共开婺休中心县委活动场所，目前展有关英、赵礼生、邱老金等地方领导及省委机关办公、生活的场景。1935年7月，闽浙赣省委书记关英率省委一部分人，从江西婺源三十里岗转移到此，带领开婺休地区的党组织、红军游击队和革命群众，广泛开展游击战争，直至当年12月。目前是全国红色旅游经典景区、浙江省爱国主义教育基地、党史教育基地。

中共闽浙赣省委纪念馆

中共闽浙赣省委纪念馆位于衢州市，坐落在开化县长虹乡库坑村，2013年新建。与中共闽浙赣省委机关旧址同处，以人物雕塑、影像声电、图片展板、实物等方式展示了中共闽浙赣省委创始人方志敏、闽浙赣省委书记关英、省委常委邵长河等革命先烈的生平事迹和战斗痕迹。馆内还新建有红色广场、大型人物群雕、红军烈士纪念馆、红军被服厂、红军纪念墙等系列红色景点。目前是浙江省爱国主义教育基地、党史教育基地、省直机关主题党日活动基地。

浙西革命斗争纪念馆

　　浙西革命斗争纪念馆位于衢州市开化县城区花山路36号。2019年建成并对外开放。建筑面积2215平方米，背靠花山、面朝芹江，集综合展示、教育培训、研究交流三大功能于一身，展陈内容分为土地革命战争时期、全面抗战时期、解放战争时期的革命史展区和开化革命烈士纪念馆两大主题板块。展陈设计以浙西地区革命斗争的历史和烈士名录为主线，以革命历史为脉，以史叙事、以事论人，全面展示了浙西地区军民和开化英烈在土地革命战争、抗日战争、解放战争中无畏的光辉形象。

开化县革命烈士纪念馆

　　开化县革命烈士纪念馆位于衢州市开化县花山路36号。2019年建成并对外开放，是浙西革命斗争纪念馆的两大主题板块之一。展陈分为革命火种、点燃开化，长征序曲、血战东南，涅槃重生、烽火浙西，铁军东进、山城出征等单元，客观、真实再现了开化革命各个历史时期的场景，把全县分散在各乡镇的红色故事串点成线，成为集中呈现开化县革命历史和红色元素的主阵地之一。

革命烈士永垂不朽

衢州市人民英雄纪念碑

　　衢州市人民英雄纪念碑位于衢州市柯城区府山公园内。1991年兴建。为缅怀临近解放的时候江文焕、林维雁等六名中共衢州中心支部成员英勇就义的事迹而建成。张爱萍题词"革命烈士永垂不朽"。

华岗纪念馆

华岗（1903—1972），原名华延年，又名少峰，字西园，曾用名刘少陵、林少侯、潘鸿文，笔名林石父、华石修、晓风、方衡等，浙江龙游人。中国近现代哲学家、史学家、教育家。1925年8月加入中国共产党，担任过《新华日报》主编。曾因胡风案件受牵连，1980年平反。

华岗纪念馆位于衢州市龙游县庙下乡严村。2017年建成并开放，原是华岗的出生地。面积约160平方米，以时间为轴线，分四个部分介绍了华岗的生平和家族史、华岗的著作和翻译文稿、华岗的革命史以及相关影视资料，展现了华岗"革命战士，学界楷模"的一生。

九、舟山革命旧址

旧址概况

舟山，浙江省地级市、长三角中心区27城之一。是渔都港城、千岛之城。为我国第一大群岛，素有世界"三大渔港""四大渔场""中国渔都"和"海天佛国"的美誉。拥有"中国优秀旅游城市""全国首批AAAAA级景区""中国海鲜之都"等荣誉称号。1987年建市。目前下辖2区（定海、普陀）、2县（岱山、嵊泗），居住人口117.6万人。

舟山人民历来就有反帝爱国的光荣传统。早在1840年的鸦片战争中，舟山军民就奋起反抗。1926年，舟山最早的党组织中共定海独立支部诞生。从此，舟山人民在中国共产党的领导下，书写了可歌可泣的英雄篇章，留下了许多宝贵的革命遗产。现有红色旅游资源30多处。

土地革命战争时期，党领导的海岛渔民和盐民的革命斗争一直没有停止，与浙江大陆地区反抗国民党反动统治的武装斗争遥相呼应。抗战全面爆发后，舟山群岛由于特殊的地理位置，较早遭受日军侵略。舟山党组织领导人民建立抗日武装，开展海上武装抗日斗争，成为浙东抗日根据地抗日斗争的一部分。发生在这里的著名的大鱼山岛战斗，曾被誉为"海岛狼牙山之战"。解放战争时期，党领导的舟山海上游击战争是浙东游击战争的重要组成部分，虽然遭到国民党军队的残酷镇压，但海岛人民仍在继续坚持革命斗争，为舟山群岛的解放做出了重要的贡献。

1950年5月至7月，舟山群岛获得解放。

舟山市红色旅游资源主要有：舟山市区中共定海县工委旧址、舟山烈士陵园、普陀登步岛战斗革命烈士纪念碑及纪念馆、岱山金维映故居、大鱼山战斗革命烈士纪念碑、中共东海工委旧址、蚂蚁岛人民公社旧址、军歌《军港之夜》诞生地等。

金维映故居

金维映（1904—1941），女，原名金爱卿，又名金志成，浙江岱山人。1926年10月加入中国共产党，是中共定海独立支部的主要成员。1927年后，任江苏省妇委书记、上海丝织业工会中共党团书记、江苏省委常委等职。1931年进入中央苏区工作。1934年参加长征。1941年6月在战乱中牺牲。

金维映故居位于舟山市岱山县高亭镇清泰路后街14号。建筑面积158.54平方米，占地面积349平方米。分故居陈列室和史料陈列室两部分。1995年江泽民题写室名。2004年扩建重修。史料陈列室内共有149幅图片，陈列有40余件珍贵的实物。分"在舟山""在上海""中央苏区""长征途中""在延安""永远的怀念"六个部分，讲述了金维映烈士短暂而奋斗的一生。2001年被公布为省级爱国主义教育基地。

舟山烈士事迹陈列馆

　　舟山烈士事迹陈列馆位于舟山市定海区城北烈士陵园纪念广场的东南角，是烈士陵园的重要组成部分。占地面积500平方米，建筑面积250平方米。设有椭圆形陈列大厅、办公室、休息室。1961年破土动工，1964年落成并开放，1998年、2006年相继大修。陈列了各个革命时期的革命烈士英名录、图片、遗物、重大战役情况和著名英烈事迹介绍等。

海山增辉牌坊

　　海山增辉牌坊位于舟山市。坐落在定海区城北烈士陵园最南端正门口，郭沫若题写"海山增辉"四个大字，镶嵌在用钢筋水泥制成的具有中国民族建筑风格的牌坊中间。牌坊设四柱三门，正门两旁共四只栩栩如生的石狮子。1964年竣工。1999年舟山建造海山公园时又选其中"海山"二字作为公园名字。目前牌坊已整体后移20米，成为烈士陵园和海山公园的正门牌坊。

登步烈士陵园

登步烈士陵园位于舟山市，坐落在普陀区登步岛鸡冠村后山岗墩，以纪念在登步岛战斗中牺牲的394名烈士。登步岛战斗发生在1949年11月3日至6日，人民解放军以木船渡海，以五个营兵力攻击有海空优势的国民党守军六个团。

蚂蚁岛人民公社旧址

　　蚂蚁岛人民公社旧址位于舟山市。坐落在普陀区蚂蚁岛乡后岙村红船岙上。始建于1956年，坐西朝东，建筑面积205.7平方米，占地面积442平方米。通面阔七间24.2米，通进深8.45米，内址坪砌混凝土，梁架均为人字形木结构。入口处横立一块由原舟山地委书记王裕民题写"蚂蚁岛人民公社旧址"字碑。南面山墙中间设两扇木玻璃大门，大门两侧各砌一根方形砖柱，门额上题刻"人民公社"四个大字和一颗五角星。20世纪90年代在此建立了蚂蚁岛创业纪念室，后又重修了纪念馆。1952年，舟山第一个渔业生产互助组在蚂蚁岛成立，人民公社的雏形由此产生。1958年9月，蚂蚁岛建立起全国渔业战线第一个人民公社——蚂蚁岛人民公社。

十、台州革命旧址

旧址概况

台州是浙江省地级市，长三角中心区城市之一。位于浙江中部沿海、全国海岸带中段，东濒东海，海岸线630.87千米。有面积500平方米以上岛屿687个。辖3区（椒江、黄岩、路桥）、3县（天台、仙居、三门）和3个代管县级市（临海、温岭、玉环），总面积10050.43平方千米，常住人口613.9万人。

台州红色文化资源丰富多彩。最著名的是号称"浙江红旗第一飘"的三门亭旁起义纪念场馆，主要包括亭旁起义纪念馆、纪念碑、总指挥部旧址，亭旁城隍殿，黄豹山包定烈士塑像，亭旁区苏维埃政府旧址（包家宗祠），谷仓岭头会议会址（石头吞），亭旁暴动誓师地和虎陇头阻击战纪念地等。

著名人物如郭凤韶。她自幼受父母影响，有反封建、反对旧礼教思想，参加"风俗改良会"活动。1925年参加五卅反帝运动。1929年加入中国共产党，曾任党小组长、交通员、南京反帝大同盟女工委员等职。1930年9月因叛徒出卖被捕，受尽酷刑，坚贞不屈。同年10月25日在雨花台英勇就义，年仅19岁。

一江山岛战役是新中国成立后第一次陆海空军协同作战。1955年1月，人民解放军攻克一江山全岛。之后附近大陈、鱼山、披山等岛屿悉数解放。解放一江山岛烈士陵园为浙江省文物保护单位、红色旅游经典景区、爱国主义教育基地、国防教育基地。

大陈岛垦荒精神，是与北大荒精神齐名的中国两大垦荒精神之一。1956年1月，共青团中央书记胡耀邦向温州青年发出"组成志愿垦荒队，开发建设大陈岛"号召，首批227名队员携"大陈岛温州青年志愿垦荒队"旗帜，在团中央、团省委代表护送下，登上大陈岛。此举成为全国青年的先进榜样。1958年共青团中央授予垦荒队"先进集体"称号。1960年7月，垦荒队宣告完成任务。现在建有"大陈岛垦荒纪念碑"、胡耀邦铜像等红色景点。

三门县亭旁起义红色遗址群

亭旁起义纪念馆

亭旁起义纪念馆位于台州市三门县亭旁镇亭山路53号。1928年中国共产党在亭旁领导发动农民暴动，起义革命委员会主席兼红军总指挥包定宣布亭旁区苏维埃政权成立，为全省第一个苏维埃政权。纪念馆旧址为晚清建筑，原为亭山小学校址，两进砖木结构两层楼房，占地面积约700平方米，展厅面积250平方米。1992年改为起义纪念馆，1993年开馆。由烈士雕塑、起义沙盘、陈列展览和播映室等组成，大门上方挂"英烈千古"匾额。陈展反映亭旁起义的照片、资料和大刀、长矛、红旗等实物，播放拍摄的专题片《浙江红旗第一飘》。1996年被公布为浙江省爱国主义教育基地。1997年被公布为省重点文物保护单位。

亭旁起义纪念碑

　　亭旁起义纪念碑位于台州市三门县亭旁镇之鹤山上。始建于1988年，底座由黑色大理石砌成，碑身由灰黑色大理石贴面，"亭旁起义纪念碑"碑名由张爱萍题写。整个造型像把"刺破青天锷未残"的利剑。碑座刻介绍亭旁起义的简文。现为浙江省爱国主义教育基地和省级重点文物保护单位。

"浙江红旗第一飘"雕塑

　　"浙江红旗第一飘"雕塑位于台州市三门县亭旁镇红色广场中间。是为纪念1928年亭旁起义爆发、浙江第一支红军队伍在这里建立、浙江第一面苏维埃旗帜在这里竖起，也为了纪念1949年三门成为解放军渡江前浙江第一个解放的县。"浙江红旗第一飘"一语源自曾亲历三门解放的诸敏将军所著《难忘的足迹》一书。

平田桐树坑革命纪念馆

　　平田桐树坑革命纪念馆位于台州市黄岩区平田乡桐树坑村。二层木结构仿古楼房，总建筑面积518平方米，主体部分占地面积286平方米，包括史料陈列室、纪念碑和纪念亭。1999年建成并对外开放，2006年重修。展出近100幅历史图片和大量文字史料，较全面地介绍了在桐树坑党支部领导下，桐树坑群众的革命活动和斗争历程。2007年被公布为浙江省爱国主义教育基地。

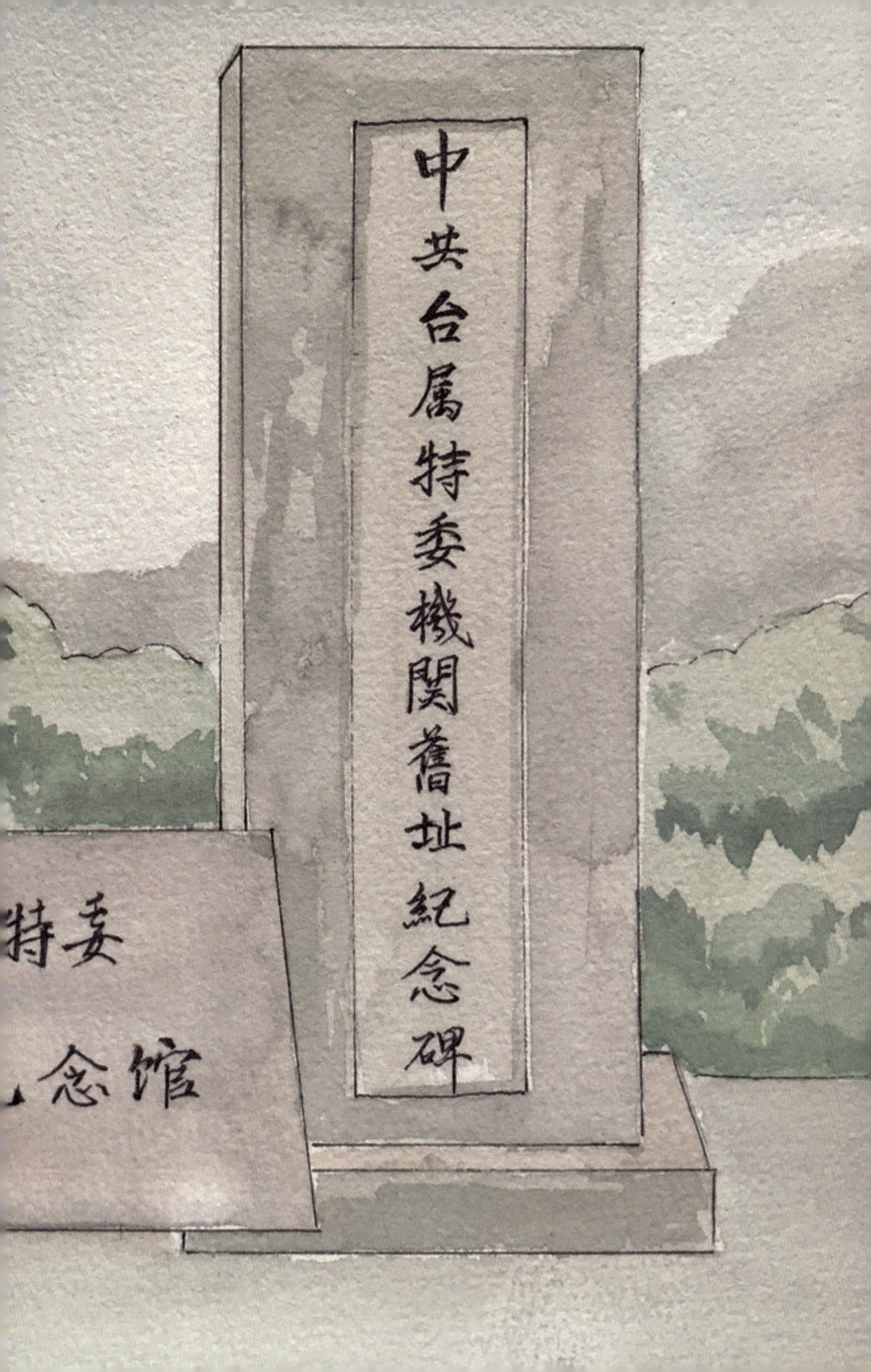

中共台属特委机关旧址纪念碑

特委
念馆

郭凤韶烈士故居（纪念馆）

郭凤韶（1911—1930），又名晤生、问樵，台州临海人。1926年，加入中国共产主义青年团。后加入中国共产党，任党小组组长。1930年3月，任南京"反帝自由大同盟"女工委员。9月被捕，10月在雨花台英勇就义。

郭凤韶烈士故居（纪念馆）位于台州市临海市古城街道诸天巷14号。2005年复原重修故居，并建立纪念馆。占地面积1000平方米，建筑面积357.6平方米，展厅面积385平方米，分八个展厅，生动形象地再现了烈士壮烈的一生和由普通爱国学生转变为一名共产主义者的思想发展过程，是台州地区唯一一个具有较大影响力的烈士个人纪念馆。现为浙江省爱国主义教育基地，全国重点文物保护单位。

解放一江山岛纪念设施群

　　解放一江山岛战役纪念地位于台州市椒江区枫山北麓。1959年、1974年、1998年分别整修、扩建，2005年重新规划设计改扩建。主要建筑物有解放一江山岛烈士陵园、一江山岛登陆战纪念馆、陈列馆、纪念塔、烈士桥、将军碑林、烈士墓群、战斗场景大型浮雕群等。其中，解放一江山岛烈士陵园是为纪念1955年在解放一江山岛战斗中光荣牺牲的烈士而建。2001年被中宣部公布为全国爱国主义教育基地。

解放一江山岛战斗纪念塔

解放一江山岛战斗纪念塔位于台州市椒江区枫山北麓。1955年兴建。高18米，为陵园内最高建筑物。基座为五边形，青石砌筑，上为混凝土塔身，塔座呈六角形，塔体呈三角形，塔上塑有大型陆、海、空军人三雕像。塔顶上有五星灯，入夜灯光高照。现为省级文物保护单位。

解放一江山岛登陆战纪念馆

　　解放一江山岛登陆战纪念馆位于台州市椒江区青年路518号。基本檐高约15米，功能布局分为三部分，包括展厅、演示放映厅，以及一部分接待、会议和馆员办公室等。展厅分上下两层，建筑面积5138平方米，占地面积2600平方米，其中布展面积2800平方米。布展由沈阳鲁迅美术学院设计。2005年改扩建。

中国工农红军第十三军第二师烈士陵园

1930年5月，受中共中央军委派遣回到家乡浙江温州永嘉的军事干部胡公冕组织成立中国工农红军第十三军，军长胡公冕、政委金贯真。先后建立了三个团，全盛时期有6000多人。1932年5月，红十三军主力受挫，余部坚持斗争，有的坚持到全国抗战爆发。

中国工农红军第十三军第二师烈士陵园位于台州市温岭市坞根镇西山下村。1985年建成，占地12000平方米，17位在坞根战斗过的革命烈士安息于此，陵园内有纪念馆、纪念碑、红军亭、仰英亭、烈士墓、"红军路"遗址等，还配有较为完善的教学场所和服务设施。

中国工农红军第十三军第二师纪念碑

中国工农红军第十三军第二师纪念碑位于台州市。坐落在台州市温岭市坞根镇西山烈士陵园近山巅的平台之上。高15米，正面镌刻着张爱萍的题词"中国工农红军第十三军第二师纪念碑"。碑座有叶飞题词"发扬革命传统，为四化建设作出新贡献"。碑基有市委市政府的碑记。碑下迁葬有红二师领导人柳苦民、赵胜等18位革命烈士的遗骨。

大陈岛垦荒纪念碑

　　大陈岛垦荒纪念碑位于台州市大陈岛黄夫礁山冈。2004年修建，碑高18米，台基两层，碑体方形刹角，碑名"大陈岛垦荒纪念碑"由张爱萍书写。碑背刻胡耀邦手迹"艰苦创业，奋发图强"。四周设八组巨大浮雕墙，分别描绘垦荒历程中大陈岛的四个发展阶段。场地南北两侧是望海观景点，将其中三个与山体存在较大高差的尖端设计为眺望台，象征希望与未来。眺望台以混凝土浇筑，采用悬空设计，为游客带来踩在树梢上的体验。

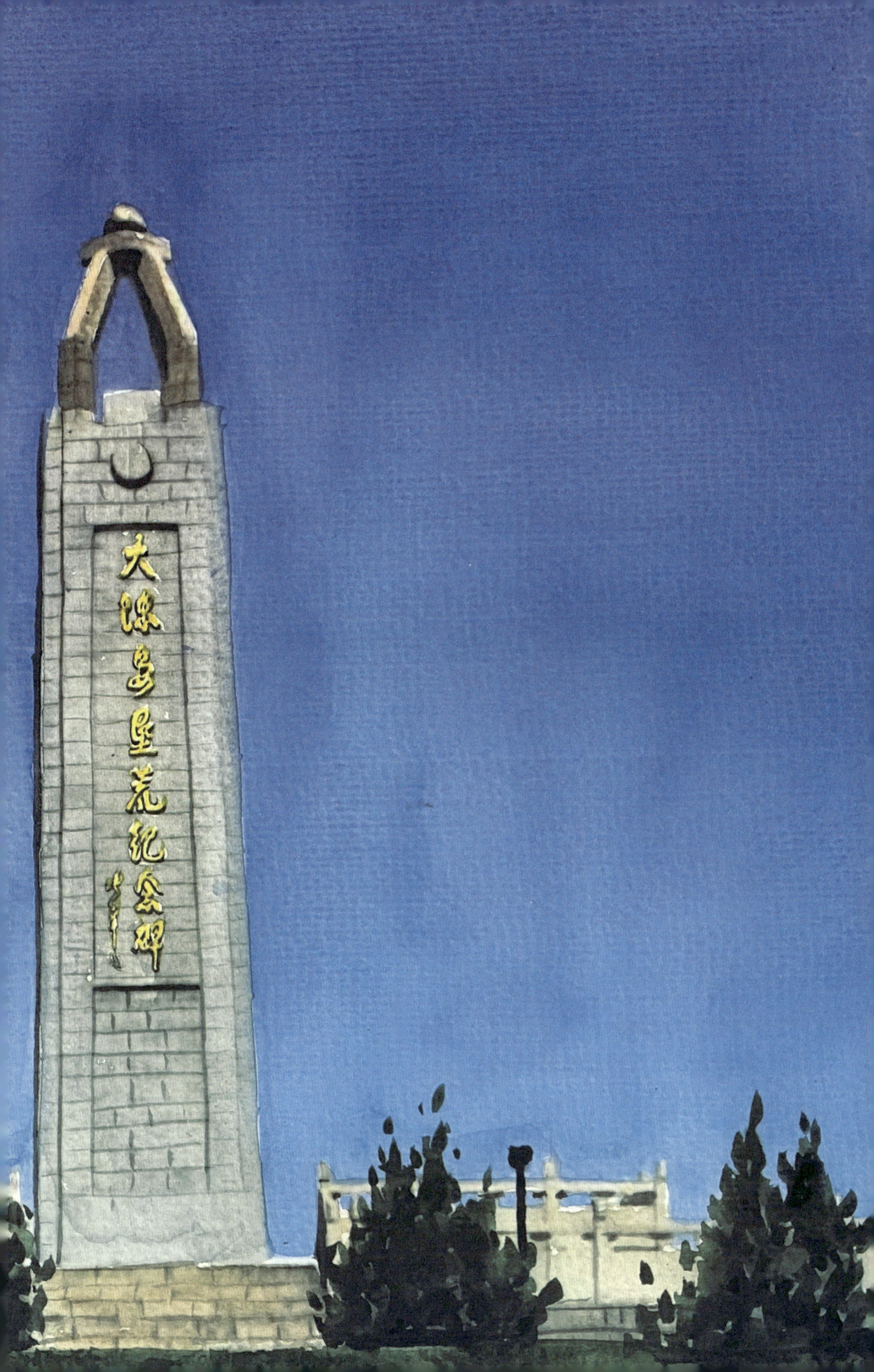
大陈岛垦荒纪念碑

十一、丽水革命旧址

旧址概况

丽水，古称处州，浙江省辖陆地面积最大的地级市，位于浙江省西南部，下设1个区（莲都区）、7个县（青田县、缙云县、遂昌县、松阳县、云和县、庆元县、景宁县）、代管1县级市（龙泉市），总面积17298平方千米，户籍人口270.8万人。

丽水素有光荣的革命传统。自五四运动开始，马克思主义陆续在丽水偏僻山乡传播。一些进步青年纷纷外出寻求革命真理，章秋阳、唐公宪、周定、蔡鸿猷、麻植、季步高、李逸民等成为早期共产党员。1927年1月，丽水最早的中共地方组织——中共遂昌支部成立。紧接着，丽水、青田、缙云等地相继建立共产党组织，开展反帝反封建的斗争。从1928年开始，各地党组织陆续发动群众，建立工农革命武装，举行武装暴动，反抗国民党反动派。1930年，青田、缙云的工农武装统一编入中国工农红军第十三军，革命烈火燃及丽水大地。

1934年，从江西中央苏区出发的中国工农红军北上抗日先遣队转战庆元、龙泉、遂昌等地。与此同时，闽东、闽北的党组织和红军开始将活动区域扩大到庆元、景宁等县。1935年3月，中国工农红军挺进师进入浙西南，建立第一个全区性的党组织——中共浙西南特委，开辟了浙西南革命根据地。

全面抗战爆发后，红军挺进师主力北上抗日，留下部分红军骨干在丽水积极发动民众抗日救亡，秘密发展党员。1939年中共浙江省委机关从温州迁移到丽水，领导全省党的工作和抗日救亡运动。丽水逐步成为浙江抗战的大后方。

1946年中共处属特委在原武工队基础上，扩大武装力量，经过长期艰苦斗争，形成解放战争时期新的浙西南游击根据地。1949年5月丽水全境解放。

丽水所辖县市区均为革命老根据地。民主革命时期，曾是中共浙江省委机关的所在地，浙江抗日的中心和主战场，在浙江乃至中国革命历史中都有一定的影响和地位。例如，在红军初创时期，它是红十三军的重要活动地；在南方三年游击战争时期，它是红军挺进师在浙江开辟的第一块革命根据地，成为中国革命在南方的一个战略支撑点；在全国抗日战争时期，它一度是中共浙江省委的机关驻地，是国共合作领导浙江抗战的大后方；在解放战争时期，它是浙江的一块重要游击根据地，是浙西南革命根据地的中心。因此，丽水大地浸透了烈士的鲜血，留有丰富的革命历史遗存。

丽水目前共有革命遗址429处，其他遗址36处，列入国家级重点文物保护单位5处41个点、省级16处24个点、市县级168处。如中共浙江省委机关旧址、中共处属特委遗址、中共丽水县委旧址等处见证了共产党人从群众中来、到群众中去的生动实践；三岩寺红军洞旧址、红军北上抗日先遣队随军银行旧址、住溪苏维埃政府旧址（廖家祠堂）、红军挺进师斋郎战斗旧址、遂昌王村口革命旧址群、浙西南革命根据地领导机关旧址群（安岱后村）、万象山革命烈士纪念碑等，是共产党人星火燎原、矗立在处州大地上的武装斗争丰碑；新四军驻浙江（丽水）办事处旧址、丽水北乡革命老区历史纪念馆、周恩来1939年视察小顺浙江铁工总厂纪念碑等，展现了共产党人捐弃前嫌、以民族大义为重的抗战岁月；新中国诞生后，丽水修缮了许多革命旧址遗址，新建一批相关纪念设施，以各种形式和手段生动再现了我党在丽水的革命历史和共产党人充满传奇的生平事迹。

王村口红军革命纪念遗址群

中国工农红军挺进师纪念馆

中国工农红军挺进师纪念馆位于丽水市遂昌县王村口镇的乌溪江边。2011年建成开馆，青砖青瓦仿古建筑，总面积800余平方米。内设"策应长征，临危受命""挺进浙江，掀起革命高潮""浴血奋战，再次掀起革命高潮""坚决斗争，实现团结抗日""挺进师烈士，永垂不朽""丰功伟绩，光照千秋""鱼水情深，百世景仰"七个展室，陈列布置展板150余幅。以文字、照片、图画、图表、实物、场景复原、雕塑、声光电控等形式展示了中国工农红军挺进师的战斗历程。

农红军挺进师纪念馆

蔡相庙

　　蔡相庙位于丽水市遂昌县王村口镇。坐落于镇中桥西村街道中心转角处。始建于清乾隆年间，清光绪初年和民国初年曾二度修葺。建筑风格古朴威严，大门朝东南，正屋坐东北朝西南，二进三开间。东侧五显殿一进三开间，平面呈"品"字形，总面积499.36平方米。1935年中共浙西南特委直属的王村口区委、王村口苏维埃政府设在此，其中的五显殿即为当时的政府办公室。

粟裕演讲会场旧址（宏济桥）

宏济桥位于丽水市遂昌县王村口镇。在镇中介于王村口桥东、桥西两村之间，是通衢（州）入闽要津。明代始建，初名济川石桥，后几经修建，光绪初改名宏济桥。现为 X 脚架木梁廊屋桥，长31米、宽5.4米、高9米，四根桥梁，腾空过江，下由合抱粗的两根苦槠木交叉承托桥梁，桥上覆以瓦屋9间。1935年8月26日，红军挺进师二纵队政委、浙西南特委委员洪家云在桥上宣布成立王村口苏维埃政府。1936年6月，中共浙西南特委书记许信焜在桥上主持召开群众大会，红军挺进师师长粟裕做抗日演讲。

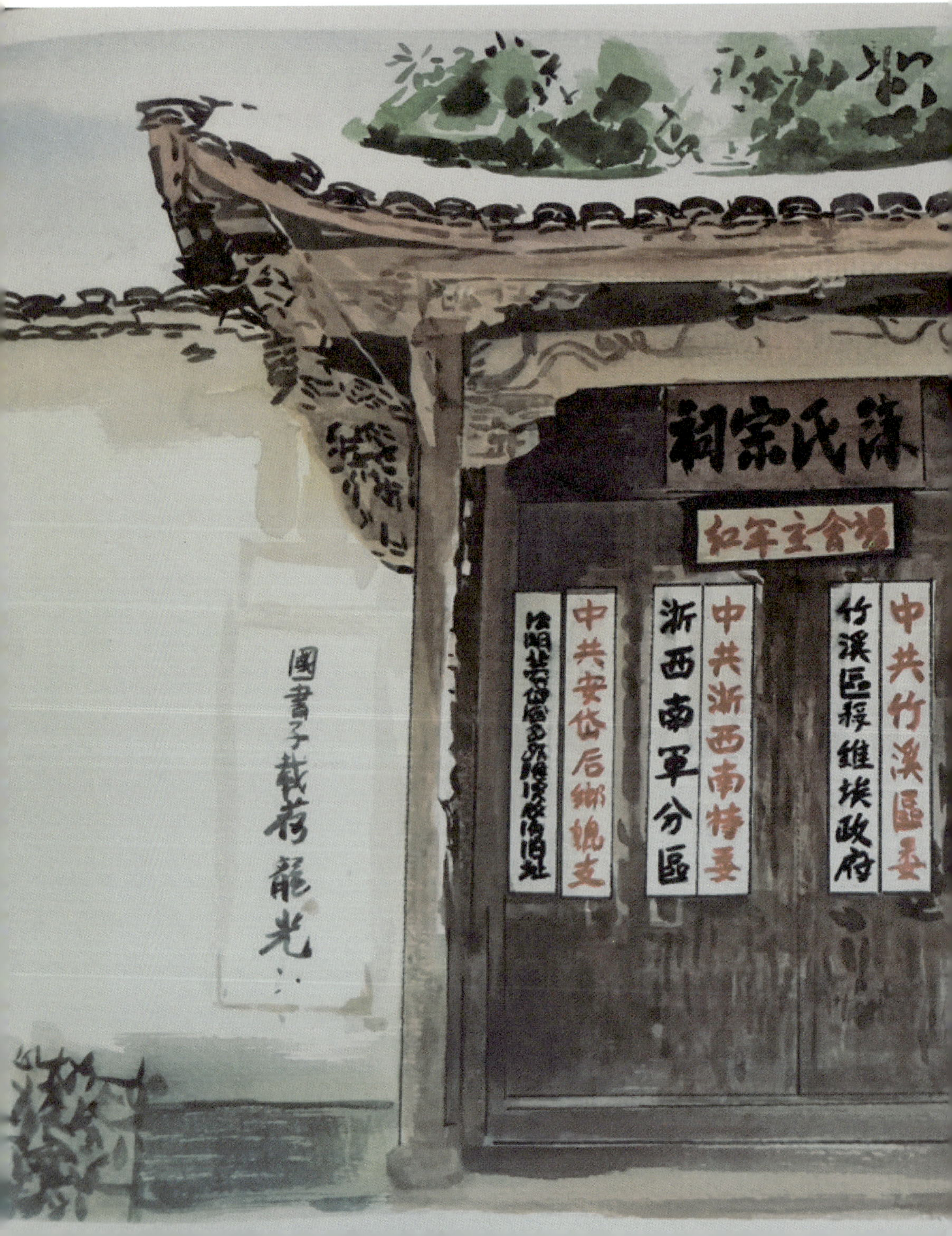

陳氏宗祠
紅軍主會場
中共竹溪區委
竹溪區蘇維埃政府
中共浙西南特委
浙西南軍分區
中共安岱后鄉總支

浙西南革命根据地安岱 后领导机关旧址群

浙西南革命根据地安岱后领导机关旧址群位于丽水市松阳县安民乡安岱后村,处于松阳、遂昌、龙泉、云和四县交界处,地理位置独特。1935年5月,粟裕、刘英率红军挺进师与当地"青帮"首领陈凤山、陈丹山在此会合,并在此建立中共浙西南特委、浙西南军分区等重要组织。遗址群包括"红色古寨"寨门、红军桥、浙西南革命根据地纪念碑、红军挺进师"八一"誓师大会主会场——陈氏宗祠、挺进师师部政治部办公旧址、粟裕旧居、刘英旧居、红军医院、红军厨房、红军标语等。现为浙江省党史教育基地、国防教育基地、爱国主义教育基地。

中共浙江省委机关旧址

　　中共浙江省委机关旧址位于丽水市莲都区城关镇厦河村。主要包括厦河省委机关旧址、"兴华广货号"、绅弄口织袜工场、花园弄2号、外磁窑省委交通站五处。旧址为重檐木结构楼房，坐东朝西，建筑面积163.38平方米，三间二层，现辟为陈列室。1995年修复，内办复原陈列和图片展览。旧址魁梅园内有刘英半身像一座，高2.5米、宽1.2米。还修建了市区至厦河村的刘英大街，在厦河村兴建了刘英学校。目前是浙江省爱国主义教育基地和省级文物保护单位。

兴华广货号

　　兴华广货号旧址位于丽水市莲都区四牌楼大众街32号。总面积150平方米，前身为"元昌号"。坐西朝东，四开间二层楼，木结构。一楼为店铺，二楼为住宿与办公场所。1939年冬，中共浙江省委机关迁到丽水，1940年5月在城内四牌楼开设之，省委书记刘英化名王志远，以商人身份作掩护开办店铺，作为省委联络站，负责与东南局及各特委的联络接待，领导全省党的工作和抗日救亡运动，直到1941年4月省委机关撤离丽水迁往温州。1997年修缮保护。

龙泉县革命烈士陵园

    龙泉县革命烈士陵园位于丽水市龙泉市区北隅安清山。始建于1959年，总占地面积36.2亩，建筑面积1600多平方米。在一条中轴线上建有门楼，革命烈士纪念馆、纪念广场和革命烈士纪念碑，浙西南特委书记宋孟平烈士纪念碑和许信焜、张麒麟烈士墓，还有在解放战争时期、社会主义革命和建设时期牺牲的七位烈士墓。陵园中心位置有革命烈士纪念碑一座。纪念广场的东边建有纪念墙一座，上刻毛泽东题词"生的伟大，死的光荣"。属于浙江省较早的革命烈士陵园，也是丽水最早的烈士陵园。1995年被公布为浙江省首批爱国主义教育基地。

龙泉革命烈士纪念碑

　　龙泉革命烈士纪念碑位于丽水市龙泉市区革命烈士陵园内的中心位置。始建于1959年，1980年、1992年、2005年三次修缮。碑正面是时任全国人大常委会副委员长叶飞题写的"革命烈士永垂不朽"，碑下是宽阔的纪念广场。由八根从低到高的柱子组成的革命烈士纪念碑，最高一根柱高21米，为白色，代表旗杆，其他七根为红色。碑后是纪念碑亭和墓地，有粟裕部分骨灰撒放处纪念碑、季步高烈士纪念碑亭、宗孟平烈士纪念碑、许信焜烈士墓、张麒麟烈士墓等。

后 记

    为贯彻落实习近平总书记关于弘扬革命文化、传承红色基因的系列重要讲话精神，切实把革命文物保护好、管理好、运用好，发挥好革命文物在党史学习教育、革命传统教育、爱国主义教育等方面的重要作用，教育部高等学校社会科学发展研究中心、高等学校中国共产党革命精神与文化资源研究中心、牡丹江师范学院组织编写了《红色旧址手绘系列读本》。

    编写动议始于2017年，经过几年的磨合，形成了以图证史、以省域为单位分卷绘制的总体框架。每卷以中国共产党领导全国各族人民进行革命、建设、改革的伟大奋斗历程为主线，以承载重大历史事件或重要历史人物活动的革命旧址为主要绘制对象，以艺术的张力展现百年大党的光辉历程、伟大成就和宝贵经验。

    自2020年2月启动以来，理事会秘书处多次邀请有关党史专家对系列读本的编写提纲、书稿初稿和修改稿进行专题研讨和集中审读，就系列读本的风格体例、总体框架、绘制方法、艺术表现等内容进行了多次研讨。在此过程中，注意充分发挥集体攻关的优势，统一思想，协调行动，确保编写质量。

    系列读本由教育部高等学校社会科学发展研究中心主任王炳林、牡丹江师范学院原副院长（现黑河学院院长）杨敬民任总主编，朱喜坤、储新宇任执行主编，崔文龙、朱博宇、张翔参与了书稿的审改工作，并做了大量的组织协调工作。全书由王炳林、杨敬民负责统改定稿。

系列读本实行分卷主编负责制。本卷由浙江理工大学负责组织编写，浙江理工大学马克思主义学院院长渠长根和浙江经贸职业技术学院教师吕灏任主编。参与本书编绘的人员有柴钧杰、濮露萌、欧阳振飞、吴燕霞、卫雅侨、彭文文、张金华、成彦彦、周凯文、范梦婷、徐成威、余南枝、邢江龙、包琦琦、雷艳玲、曹蓓蕾。李红喜、张海波、游海华审改了书稿。中共浙江省委党史研究室对全书认真审读、严格把关，确保了史料的真实性和准确性。

本书是2021年度国家社科基金重点项目"中国共产党革命精神谱系研究"（项目编号：21ADJ011）的阶段性成果，是教育部社科中心基本科研业务费专项资金项目"中国共产党百年红色文化研究"（项目编号：GY202006）的成果，得到了牡丹江师范学院中国抗联研究中心的大力支持，得到了中国文史出版社的大力支持，在此表示衷心感谢。

由于编写者水平有限，不足之处在所难免，欢迎专家学者和广大读者批评指正。

系列读本编委会
2021年12月